SELF-PUBLISHING E ABBONAMENTI PER SCRITTORI 2.0

LA GUIDA PRATICA AL MODELLO SUBSCRIPTION

EUGENE PITCH

A chi sa scrivere e pensare fuori dagli schemi

INDICE

PARTE DUE
PATREON

PARTE TRE
YOUTUBE ABBONAMENTI

PARTE QUATTRO
SUBSTACK

PARTE UNO
CAPIRE IL MODELLO SUBSCRIPTION

INTRODUZIONE: IL NUOVO MONDO DEGLI ABBONAMENTI PER AUTORI INDIE

Viviamo in un'epoca in cui il mondo dell'editoria sta cambiando rapidamente, e non sempre in meglio. Ricordi quando pubblicare il tuo primo libro sembrava un'avventura piena di possibilità? Beh, oggi quella stessa avventura è diventata una vera e propria corsa a ostacoli.

Parliamoci chiaro: l'intelligenza artificiale ha fatto irruzione nel nostro mondo come un elefante in una cristalleria. Improvvisamente, chiunque con accesso a ChatGPT pensa di poter diventare un autore bestseller dall'oggi al domani. E non dimentichiamoci dei cosiddetti "guru" del self-publishing, che promettono successo istantaneo a chiunque sia disposto a pagare per i loro corsi miracolosi. Il risultato? Un mare di contenuti di dubbia qualità che sommerge il tuo lavoro fatto con passione e dedizione.

Ma il problema non finisce qui. Ti ricordi quando bastava investire qualche euro in pubblicità per vedere le tue vendite decollare? Quei tempi sono un lontano ricordo. I costi del paid advertising sono schizzati alle stelle, trasformando quella che una volta era una strategia accessibile in un lusso per pochi. Facebook Ads, Amazon Ads... sembra che ogni click costi un rene!

E come se non bastasse, le piattaforme di distribuzione sembrano aver dichiarato guerra agli autori indie. Amazon KDP, una volta il nostro miglior alleato, ora cambia le regole del gioco con la stessa frequenza con cui tu cambi la trama dei tuoi thriller. Limitazioni sui prezzi, modifiche agli algoritmi di visibilità, politiche di revisione sempre più stringenti... a volte ti chiedi se non stiano cercando di spingerti fuori dal mercato.

Parlando di prezzi, hai notato come il Kindle Store sembri ossessionato dagli ebook a 0,99€? È come se il valore del tuo lavoro, le ore passate a scrivere, revisionare, editare, non contassero nulla. Questa spinta al ribasso sta creando un'aspettativa pericolosa nei lettori: perché pagare di più quando c'è un oceano di libri quasi gratuiti?

Ti senti frustrato? Scoraggiato? Credimi, ti capisco. Anch'io ho passato notti insonni a chiedermi se valesse ancora la pena continuare. Ma sai cosa? È proprio in momenti come questi che dobbiamo reinventarci.

Non lasciare che queste sfide ti definiscano. Usa la tua creatività, quella stessa che ti ha spinto a diventare uno scrittore, per trovare nuove strade. Forse è il momento di esplorare nuovi generi, di sperimentare con formati diversi, di costruire una comunità di lettori fedeli che apprezzino il valore del tuo lavoro.

Ora tu, come autore indie, hai l'opportunità di prendere in mano il tuo destino come mai prima d'ora. È proprio in questo contesto che gli abbonamenti (o subscription in gergo tecnico) emergono come una potente strategia per costruire una carriera sostenibile e gratificante.

Ma cos'è esattamente un modello subscription o, in parole povere, un abbonamento per autori? Immagina di avere un club esclusivo dove i tuoi lettori più affezionati possono accedere ai tuoi contenuti in anteprima, interagire direttamente con te e sentirsi parte di qualcosa di speciale. È come creare un parco a tema letterario dove tu sei il progettista, l'intrattenitore e la star principale.

Quando ho iniziato a interessarmi al mondo degli abbonamenti, ero scettico. Come potevo chiedere ai miei lettori di pagare mensilmente per qualcosa che non era ancora completo? E se non avessi avuto abbastanza da offrire? Ma poi ho scoperto che i lettori non cercano solo storie: cercano esperienze, connessioni, un senso di appartenenza.

Nel corso di questo libro, condividerò con te tutto ciò che ho imparato nel mio percorso. Ti guiderò attraverso i vari modelli di abbonamento, ti mostrerò come strutturare la tua offerta, come prezzarla correttamente e come promuoverla. Parleremo di come gestire la relazione con i tuoi abbonati e come evolverti nel tempo.

Ma prima di addentrarci nei dettagli tecnici, voglio che tu comprenda il potenziale trasformativo degli abbonamenti. Non si tratta solo di un nuovo flusso di entrate (anche se questo è certamente un beneficio gradito). Si tratta di creare una comunità attorno alle tue storie, di stabilire un dialogo continuo con i tuoi lettori più fedeli, di avere la libertà di sperimentare e crescere come autore.

Come fondatore di ScrivoFacile, ho sempre creduto nel potere degli autori indie di plasmare il proprio destino. Gli abbonamenti sono un'estensione naturale di questa filosofia. Ti danno il controllo non solo su cosa pubblichi, ma su come interagisci con il tuo pubblico. È un modo per bypassare gli intermediari e creare un rapporto diretto e duraturo con chi ama davvero il tuo lavoro.

Nel corso di questo libro, condividerò con te non solo le strategie che hanno funzionato per tanti autori, ma anche gli errori più comuni.

Parleremo anche di come gli abbonamenti possono integrarsi con altre strategie di marketing, come le campagne su Facebook Ads e Amazon Ads, che gestisco per i miei clienti. Vedremo come l'abbonamento può diventare un potente strumento di fidelizzazione, complementare alle tue vendite di libri tradizionali.

Questo libro non è solo un manuale tecnico. È una chiamata all'azione per ripensare il tuo ruolo come autore nell'era digitale. È un invito a costruire qualcosa di più grande di una semplice lista di titoli: una vera e propria esperienza immersiva per i tuoi lettori.

Che tu sia agli inizi della tua carriera o un autore affermato alla ricerca di nuove opportunità, questo libro ha qualcosa da offrirti. Ti fornirà gli strumenti, le strategie e l'ispirazione per iniziare il tuo viaggio nel mondo degli abbonamenti.

Ricorda, il viaggio di mille miglia inizia con un singolo passo. E questo libro è il tuo primo passo verso un nuovo modo di concepire la tua carriera di autore. Sei pronto a intraprendere questo viaggio con me?

ATTENZIONE

I capitoli di questo libro possono essere letti anche non in ordine perché ci sono dei concetti ricorrenti e inoltre ho strutturato il tutto per agevolarti nel trovare subito le informazioni che ti servono.

CAPITOLO 1
GLI ABBONAMENTI

Allora, che diavolo sono questi benedetti abbonamenti di cui tutti, nel mercato anglosassone, parlano? In parole povere, sono un modo per far sì che i tuoi lettori ti paghino direttamente per i tuoi contenuti o altri servizi che offri. E no, non sto parlando di costringerli a comprare il tuo romanzo a rate!

Pensaci un attimo: viviamo in un mondo dove gli abbonamenti sono ovunque. Dal tuo abbonamento Netflix per guardare l'ennesima serie tv mediocre, a quello di Spotify per ascoltare la *mia* musica indie (ebbene sì, oltre a scrivere mi diletto anche come musicista!), fino all'abbonamento alla palestra che paghi religiosamente ma che non frequenti mai.

Ma ora viene il bello: immagina di poter creare un abbonamento per i tuoi lettori. Invece di farli pagare 10 euro al mese per accedere a milioni di libri su Kindle Unlimited (dove il tuo capolavoro rischia di perdersi nel mare magnum), loro pagheranno direttamente a *te* una cifra mensile o annuale per avere accesso esclusivo ai tuoi contenuti.

"Ma Eugene," ti sento già protestare, "non dovrò mica togliere i miei libri da Kindle Unlimited o smettere di venderli normalmente?". Assolutamente no, caro mio! La bellezza degli abbonamenti è che sono un extra, un modo per creare un legame più profondo con i tuoi super fan e generare entrate ricorrenti.

Pensa a cosa potresti offrire: accesso anticipato ai tuoi nuovi capitoli, contenuti bonus, il tuo catalogo completo, o addirittura gadget esclusivi come libri autografati o box regalo. Le possibilità sono infinite!

E non credere che sia una cosa da quattro gatti in cerca di attenzione. Piattaforme come Patreon, Ko-fi (perfino YouTube ora) e altre processano miliardi di euro all'anno in pagamenti diretti ai creatori. Ci sono già migliaia di autori di fiction che monetizzano attraverso gli abbonamenti.

Ti do un dato che ti farà cadere dalla sedia: nel 2022, più di 500 autori di fiction hanno guadagnato complessivamente oltre 10 milioni di dollari con gli abbonamenti attraverso piattaforme come Substack e Ream. E nel 2023? Boom! Siamo arrivati a oltre 20 milioni all'anno.

Ora, so cosa stai pensando: "Fantastico Eugene, ma tu vivi in Giappone, magari là funziona, ma qui in Italia...". Fermati! Il bello è che questo sistema funziona ovunque, anche nel Bel Paese. Anzi, direi soprattutto in Italia, dove il rapporto tra autori e lettori è sempre stato più stretto e personale.

Pensa a quanto potrebbe essere utile per te avere un'entrata fissa mensile, invece di dover aspettare i pagamenti a 60 giorni degli store online o le royalties semestrali degli editori tradizionali. Con un sistema di abbonamenti, potresti finalmente permetterti quel corso di scrittura creativa che sognavi, o magari investire in una campagna pubblicitaria seria su Facebook Ads o Amazon Ads, ad esempio.

Ma non è solo una questione di soldi. Gli abbonamenti ti permettono di creare una community vera e propria intorno alla tua opera. Immagina di avere un gruppo di lettori affezionati che non vedono l'ora di leggere il tuo prossimo capitolo, che discutono delle tue storie nei forum, che ti danno feedback in tempo reale. È il sogno di ogni scrittore, no?

E non pensare che questo sia riservato solo ai big del settore. Anche se sei agli inizi, anche se hai pubblicato solo un libro o due, puoi iniziare a costruire la tua base di abbonati. Magari all'inizio saranno solo una manciata di persone, ma con il tempo e la costanza, potrai creare una vera e propria fonte di reddito alternativa.

Il self-publishing non è solo pubblicare libri e sperare che qualcuno li compri. È creare un business intorno alla tua passione. E gli abbonamenti sono uno strumento potentissimo per farlo.

Nel prossimo capitolo, vedremo nel dettaglio come strutturare il tuo sistema di abbonamenti e quali contenuti offrire. Preparati, perché stiamo per entrare nel vivo della questione!

CAPITOLO 2
LO SCOPO DI UN ABBONAMENTO

Per i lettori, un abbonamento è come avere un pass VIP per il backstage del tuo cervello creativo. Pagano regolarmente (mensilmente o annualmente) per avere accesso speciale, privilegi e un'esperienza migliore con te e le tue opere. È come se comprassero un biglietto per un luna park dove tutte le giostre sono basate sui tuoi libri. Figata, no?

Pensa ai tuoi lettori più affezionati, quelli che vorrebbero vivere nei mondi che crei. Con un abbonamento gli dai esattamente questa possibilità. Non solo leggono i tuoi libri, ma entrano a far parte di una comunità esclusiva. È come creare un club segreto dove tutti indossano magliette con la tua faccia sopra (ok, forse questa è un'esagerazione, ma ci siamo capiti).

Ti faccio un esempio pratico. Conosco un autore di LitRPG, A.F. Kay, che include l'accesso a un server Discord esclusivo nel suo abbonamento. I suoi lettori possono chiacchierare tra loro e con lui in uno spazio riservato. È come avere un bar dove tutti parlano dei tuoi libri e tu sei il barista che ogni tanto si unisce alle conversazioni. Geniale, vero?

In un mondo dove i social network sembrano sempre più distanti e impersonali, tu puoi creare uno spazio di connessione reale per i tuoi lettori. È come essere il padrone di casa di una festa continua dedicata ai tuoi libri. E indovina un po'? I tuoi ospiti pagano l'affitto!

Ma passiamo ai vantaggi per noi autori, perché so che è questo che ti interessa davvero (non fare quella faccia, so come ragioni).

Innanzitutto, gli abbonamenti ti danno entrate ricorrenti. Sai cosa significa? Che non dovrai più pregare San Kindle di farti vendere abbastanza copie questo mese per pagarti la bolletta. Con gli abbonamenti, hai un flusso di denaro costante. È come avere uno stipendio, ma senza un capo che ti respira sul collo.

Ma la vera magia sta nella possibilità di creare diversi livelli di abbonamento. Pensa ai concerti: c'è chi compra il biglietto per il prato e chi paga un occhio della testa per il backstage. Tu puoi fare la stessa cosa con i tuoi contenuti. Offri diversi "pacchetti" ai tuoi lettori, dal fan occasionale al super fan ossessionato.

E la cosa bella? Non hai bisogno di migliaia di abbonati per guadagnarci. Anche con poche centinaia di lettori fedeli puoi crearci un reddito decente. Ricorda: non è un evento una tantum, è un pass permanente per il tuo mondo creativo.

Poi c'è la questione del controllo. Su piattaforme come Ream, hai un contatto diretto con i tuoi lettori. Gestisci tu le informazioni di contatto, i rimborsi, i pagamenti. È come essere il capitano della tua nave, invece di essere un passeggero su un transatlantico gestito da altri. Un'alternativa è anche Patreon ovviamente.

Comunque cosa puoi offrire in cambio? Beh, quasi tutto quello che ti viene in mente! L'accesso anticipato ai tuoi nuovi capitoli è il più comune, ma puoi sbizzarrirti: dirette streaming, box regalo, chat con i "personaggi" dei tuoi libri. Il limite è solo la tua fantasia!

Il mio consiglio? Inizia in piccolo. Non cercare di costruire subito Disneyland. Parti con un piccolo parco giochi e cresci piano piano. Gli abbonamenti premiano la costanza e l'iterazione continua, non i grandi lanci in pompa magna. È un impegno a lungo termine con i tuoi lettori, non un fuoco d'artificio che dura una notte.

E ora parliamo di soldi, perché so che ti interessa (e se dici di no, stai mentendo). Le piattaforme di abbonamento in genere ti fanno pagare intorno al 10% di commissioni, più le spese di elaborazione dei pagamenti. Confrontalo con il 30% o più che si prendono gli store online, o con l'80%/90% e oltre che può tenersi un editore tradizionale. Matematica semplice: con gli abbonamenti, ti porti a casa di più.

Ma non sentirti intrappolato. Puoi sempre mettere in pausa il tuo abbonamento se hai bisogno di una vacanza (magari proprio qui in Giappone, dove vivo io). E puoi cambiare i benefici nel tempo. Anzi, dovresti farlo. **I migliori autori di abbonamenti aggiustano la loro offerta ogni tre mesi circa, basandosi sul feedback dei lettori e sulle proprie ambizioni.**

E sai una cosa? I lettori apprezzano questi cambiamenti. Capiscono che sei un essere umano, non una macchina sforna-libri. Certo, non cambiare tutto dall'oggi al domani nei primi mesi, ma non avere comunque paura di evolvere.

L'importante è che l'abbonamento rimanga divertente e stimolante per te, non solo per i tuoi lettori. Se ti annoi tu, si annoieranno anche loro. E nessuno vuole un autore annoiato, fidati.

In sintesi, un abbonamento è appunto come creare il tuo personale parco divertimenti letterario. Tu sei Walt Disney, i tuoi libri sono le attrazioni, e i tuoi lettori sono i visitatori entusiasti che pagano per entrare. E la cosa migliore? Puoi gestirlo in pigiama dal tuo divano, tra una sessione di scrittura e l'altra.

Nel prossimo capitolo, vedremo come strutturare concretamente il tuo sistema di abbonamenti.

Nel frattempo, che ne dici di prenderti una pausa e pensare a quale potrebbe essere la tua "attrazione principale" nel tuo parco divertimenti letterario? Io intanto mi faccio un'altra tazza di tè verde, che qui in Giappone non manca mai!

CAPITOLO 3
DOVRESTI INIZIARE UN ABBONAMENTO?

Lo so, ti stai chiedendo se hai abbastanza fan per iniziare un abbonamento o se finirai per parlare da solo in una stanza vuota. Tranquillo, sono qui per aiutarti a capire se è il momento giusto per te di saltare sul carro degli abbonamenti o se è meglio che continui a vendere i tuoi libri come un normalissimo mortale.

Prima di tutto, mettiamo in chiaro una cosa: gli abbonamenti non sono una moda passeggera come i pantaloni a zampa d'elefante o i capelli cotonati. Non iniziare un abbonamento solo perché hai paura di perderti qualcosa. **Gli abbonamenti sono come un matrimonio: richiedono impegno a lungo termine e, soprattutto, coerenza. La moneta degli abbonamenti è la fiducia.** È come chiedere ai tuoi lettori di sposarti letterariamente. Devono fidarsi di te prima di impegnarsi in un abbonamento mensile.

Ma non pensare di dover essere Stephen King o J.K. Rowling per iniziare un abbonamento. Alcuni degli autori di maggior successo con gli abbonamenti hanno cominciato all'inizio della loro carriera. È come piantare un albero: più presto lo fai, più grande crescerà. Quando hai un piccolo pubblico in un abbonamento, è più facile costruire relazioni profonde e coltivare super fan che diffonderanno le tue storie come un virus (ma di quelli buoni, eh).

Prendiamo l'esempio di Emilia Rose. Ha iniziato con un abbonato (probabilmente sua madre) ed è arrivata a guadagnare sei cifre all'anno con oltre duemila abbonati. Certo, non è successo dall'oggi al domani. Ha scritto e pubblicato per anni, accumulando milioni di letture su piattaforme come Wattpad e Radish. È come costruire una cattedrale: ci vuole tempo, pazienza e tanta, tanta fatica.

Ma veniamo al dunque: quando dovresti iniziare un abbonamento?

1. Se scrivi fiction seriale e sei disposto a offrire accesso anticipato alle tue storie in cambio di un pagamento mensile. Funziona particolarmente bene se scrivi storie a capitoli con cliffhanger che fanno venire l'ansia ai tuoi lettori (io lo faccio sempre nei miei thriller, e funziona alla grande).

2. Se vuoi creare una comunità di lettori e costruire relazioni più personali con i tuoi fan. È come avere un fan club privato, ma sono loro a pagarti per essere il presidente.

3. Se sei un autore indie che vuole diversificare le entrate al di là degli store online. È come non mettere tutte le uova nello stesso paniere, ma in questo caso le uova sono i tuoi libri e il paniere è il tuo conto in banca.

4. Se sei un autore pubblicato tradizionalmente o ibrido che cerca di guadagnare di più e avere più controllo. È come avere un piano B che potrebbe diventare il tuo piano A.

5. Se gestisci una piccola casa editrice o fai parte di un collettivo di autori. È come creare la vostra versione indie di una major dell'editoria o di Kindle Unlimited.

6. Se vuoi vendere direttamente ai tuoi lettori e riprendere il controllo dalle piattaforme social e dai rivenditori. È come tagliare l'intermediario e andare direttamente alla fonte (i tuoi amati lettori).

7. Se vuoi costruire un business editoriale sostenibile e impegnarti in un processo di scrittura che nutra il tuo benessere e quello dei tuoi lettori a lungo termine. È come creare il tuo piccolo ecosistema letterario.

Ma attenzione, non è tutto oro quello che luccica. Ci sono situazioni in cui potrebbe non essere una buona idea iniziare un abbonamento:

1. Se il tuo pubblico legge principalmente su e-reader ed è pigro e non vuoi complicargli la vita con aggiornamenti frequenti. È come

chiedere a un pantofolaio abituato a guardare Netflix di tornare ai VHS.

2. Se l'idea degli abbonamenti non ti entusiasma. Ricorda, devi divertirti tu per primo. Se ti sembra un lavoro forzato, i tuoi lettori lo percepiranno.

3. Se l'idea di interagire con i fan ti mette a disagio. Gli abbonamenti spesso richiedono un certo livello di interazione. Se preferisci essere un autore misterioso e inaccessibile, potrebbe non essere la strada giusta per te.

4. Se hai sondato i tuoi lettori e hanno mostrato poco interesse. È come organizzare una festa e nessuno vuole venire. Meglio aspettare il momento giusto.

5. Se non è il momento giusto nella tua vita. Come autore, hai già mille cose da fare: scrivere, promuovere, rispondere alle email, creare contenuti per i social... Se aggiungere un abbonamento ti sembra troppo, ascolta il tuo istinto.

Nella vita di un autore non c'è una sola cosa che sia assolutamente necessario fare per avere successo (a parte scrivere, ovviamente). Gli abbonamenti possono cambiare radicalmente la tua carriera, ma se non è il momento giusto, va bene così.

Il mio consiglio? Tratta la tua vita editoriale come una prima stesura. C'è sempre tempo per revisioni e modifiche. La magia sta nell'iniziare. Non ci sarebbe nulla senza le tue prime parole.

E se stai leggendo questo, so che hai quel dono magico. Sei un creatore di mondi, un tessitore di storie. Che tu decida di iniziare un abbonamento ora, tra un anno o mai, ricorda sempre che il tuo valore come autore non dipende da questo.

CAPITOLO 4
LA MENTALITÀ DELL'ABBONAMENTO

Ok, aspirante Jedi del self-publishing, sei pronto a iniziare il tuo viaggio nel mondo degli abbonamenti? O almeno sei curioso di saperne di più? Bene, perché sto per rivelarti i segreti dell'universo... degli abbonamenti, ovviamente. Ma prima di lanciarti in questa avventura, dobbiamo equipaggiarti con la mentalità giusta. Considera questo capitolo come la tua pozione magica per affrontare il drago dell'abbonamento.

Ecco a te il **Manifesto degli Abbonamenti per Autori**. Ti consiglio di leggerlo ad alta voce, o almeno di ripeterlo nella tua mente come un mantra. Puoi anche pubblicarlo sul tuo sito web e condividerlo con i tuoi lettori, così capiranno che tipo di autore sei. Sentiti libero di modificarlo come vuoi, ma ecco una base da cui partire:

"Il mio abbonamento a pagamento esiste per il bene dei miei lettori. In un mercato editoriale che premia sempre e solo le novità, che si tratti di nuovi libri, nuovi lettori o nuove opportunità, voglio creare uno spazio che mi permetta di mettere voi al primo posto - voi, i miei fan esistenti, che rendete possibile il mio lavoro.

. . .

In un'industria dove editori, piattaforme e pubblicità si mangiano la maggior parte dei guadagni degli autori, avere un abbonamento mi permette di costruire un modello di business sostenibile e quindi di creare esperienze migliori per tutti voi, che siate abbonati a pagamento o no.

Avendo uno spazio dove possiamo avere una connessione diretta su internet, mi impegno sempre a mettere i Lettori al Primo Posto e a plasmare il futuro di questo abbonamento insieme. Grazie per il vostro supporto e grazie per far parte della nostra storia come uno dei miei supporter."

Ora, so cosa stai pensando: "Eugene, sembra un po' sdolcinato". E hai ragione, lo è. Ma fidati, funziona. I lettori apprezzano la sincerità e la trasparenza. E poi, chi non ama un po' di zucchero filato letterario ogni tanto? Va beh, se proprio non ti piace riscrivilo, basta che il senso sia quello.

Ma passiamo alle cose serie. Ecco alcuni punti chiave da tenere a mente:

1. **Prometti poco, dai tanto.**
   È come quando inviti qualcuno a cena e dici che cucinerai "qualcosa", ma poi ti presenti con un banchetto degno di un re. Sì, magari puoi scrivere 5000 parole al giorno, ma vuoi davvero farlo? E soprattutto, puoi farlo costantemente? Fissa obiettivi raggiungibili per il tuo abbonamento. Meglio sorprendere i tuoi lettori che deluderli.

2. **Coerenza e comunicazione sono la chiave.**

Nessun lettore vuole essere lasciato a metà di una storia senza sapere quando potrà finirla. È come se Netflix cancellasse una serie a metà stagione (sono ancora arrabbiato per la cancellazione di "The Society", tra parentesi). Devi essere coerente con i tuoi contenuti, ma coerenza non significa agire come una macchina. Puoi prenderti delle pause quando la vita lo richiede: è qui che entra in gioco la comunicazione.

3. Il lento costruire è il migliore.

Ricordi quando MrBeast ha fatto guadagnare 100.000 iscritti a tre YouTuber emergenti da un giorno all'altro? Sembrava un sogno, vero? Beh, ora quegli YouTuber faticano a ottenere visualizzazioni. Un altro esempio? La maggior parte dei ristoranti di Kitchen's Nightmares non è riuscita a rimanere aperta oltre un anno dopo l'andata in onda dell'episodio in televisione. Morale della favola: costruire la fiducia un lettore alla volta è sottovalutato in una cultura editoriale che premia i grandi successi sopra ogni cosa. Ma è così che si costruiscono carriere durature. Il tuo abbonamento probabilmente non diventerà virale o ti renderà milionario dall'oggi al domani. Ma non è un bug, è una caratteristica da sfruttare a tuo vantaggio.

4. Lettori al primo posto.

I tuoi super fan non equivalgono a soldi. Alcuni dei tuoi più grandi fan potrebbero non permettersi i tuoi livelli di abbonamento più alti. È come con i concerti di Taylor Swift: non tutti possono permettersi i biglietti per il backstage, ma questo non significa che l'amino di meno. Mostra apprezzamento per tutti i tuoi fan, e per quelli che possono pagare per valore e esperienze aggiuntive (alcuni lettori ti pagheranno centinaia di euro al mese), mettici tutto il cuore.

Stai creando una comunità, non solo un flusso di entrate. Tratta i tuoi abbonati come se fossero i tuoi migliori amici (okay, quelli che ti pagano per essere loro amico, ma comunque...).

Ora, prima di lanciarti in questa avventura, prenditi un momento per riflettere. Visualizza il tuo abbonamento ideale. Cosa offri? Come interagisci con i tuoi lettori? Come ti fa sentire?

CAPITOLO 5
DEFINIRE I TUOI OBIETTIVI DI ABBONAMENTO

Prima di lanciarti a capofitto nel mondo degli abbonamenti come un cavaliere medievale in una mischia, fermati un attimo. Respira. Prendi un caffè (o un té verde, se vuoi seguire le mie abitudini nipponiche). È il momento di porsi alcune domande fondamentali.

Anzitutto, che ruolo vuoi che l'abbonamento giochi nel tuo impero editoriale in erba? È come scegliere che tipo di supereroe vuoi essere: vuoi diversificare le tue entrate come Spider-Man che fa il fotografo di giorno e il supereroe di notte? Vuoi creare un rifugio segreto per i tuoi super fan come la Batcaverna? O forse vuoi costruire un ecosistema di vendita diretta come Tony Stark con la sua torre degli Avengers?

Le possibilità sono infinite, ma la domanda cruciale è questa: quale segmento dei tuoi lettori vuoi servire con il tuo abbonamento, e come pensi di offrire loro un'esperienza straordinaria?

Non esiste una risposta giusta o sbagliata. Ma è fondamentale stabilire alcune aspettative prima di iniziare qualsiasi nuova avventura imprenditoriale. Pensa a come puoi implementare il tuo abbonamento in modo che porti il massimo beneficio ai tuoi lettori.

Spesso, gli autori si chiedono perché i lettori dovrebbero voler aderire a un abbonamento. La verità è che unendosi al tuo abbonamento, i tuoi lettori entrano a far parte della tua cerchia ristretta. È come essere invitati al tavolo dei fighetti a scuola, ma in versione letteraria.

Inoltre, i tuoi fan più accaniti vogliono supportarti. Gli abbonamenti danno loro l'opportunità di farlo e di ottenere ancora più valore in cambio. È come se i tuoi lettori fossero i tuoi mecenati personali, ma invece di dipingere la Cappella Sistina, tu scrivi il prossimo bestseller.

Ecco alcune domande che dovresti porti:

1. **Vuoi usare l'abbonamento come fonte di reddito principale o come integrazione?**

Se sei come me, che vivo in Giappone dove lo yen vale poco e mi pagano in euro, potresti voler puntare a farne la tua fonte di reddito principale. Ma se sei all'inizio della tua carriera, potrebbe essere più saggio vederlo come un'integrazione.

2. **Vuoi offrire acccsso anticipato alle tue opere?**

Questo funziona particolarmente bene se scrivi serie o se i tuoi lettori sono del tipo che farebbero la fila fuori dalla libreria a mezzanotte per il tuo nuovo libro

3. **Vuoi creare una community più stretta con i tuoi lettori?**

Se sei il tipo di autore che ama interagire con i propri lettori (io lo adoro, specialmente quando mi dicono quanto mi apprezzano), questo potrebbe essere l'obiettivo principale del tuo abbonamento.

4. **Vuoi offrire contenuti bonus o merchandising esclusivo?**

Se hai sempre sognato di vedere la tua faccia su una tazza da caffè o se hai tonnellate di materiale "dietro le quinte" che muore dalla voglia di essere condiviso, questo potrebbe essere il tuo obiettivo.

5. **Quanto tempo puoi realisticamente dedicare al tuo abbonamento?**

Ricorda, non sei un robot (a meno che tu non sia un'IA molto avanzata che si spaccia per autore indie, nel qual caso... complimenti?). Sii onesto con te stesso sul tempo che puoi dedicare a questa nuova avventura.

6. **Quale tipo di contenuto ti entusiasma di più creare?**

Se l'idea di scrivere un capitolo extra ogni settimana ti fa venire l'orticaria, forse non è la strada giusta per te. Ma se l'idea di condividere i tuoi pensieri in un podcast settimanale ti fa brillare gli occhi, allora vai così!

7. Quanto vuoi far pagare i tuoi abbonati?

Ricorda, non si tratta solo di quanto vuoi guadagnare, ma di quanto valore stai offrendo. Se chiedi 100 euro al mese, assicurati che i tuoi abbonati si sentano come se stessero ricevendo 200 euro di valore.

Il tuo abbonamento dovrebbe essere una win-win situation. Tu ottieni un reddito più stabile e una connessione più profonda con i tuoi lettori, e loro ottengono contenuti esclusivi e la sensazione di far parte di qualcosa di speciale.

CAPITOLO 6
LA STRUTTURA DEGLI ABBONAMENTI (O COME COSTRUIRE IL TUO CASTELLO LETTERARIO)

Ora che abbiamo gettato le fondamenta e capito perché dovresti iniziare un abbonamento, è ora di guardare la planimetria del tuo futuro castello... ehm, abbonamento.

Un abbonamento è composto da alcuni elementi principali. Preparati, perché stiamo per fare un tour guidato della tua futura reggia letteraria!

1. **Nome e Branding dell'Abbonamento**

Questo è come scegliere il nome del tuo casato nobiliare. Molti autori usano semplicemente il loro nome d'arte. Ma ehi, se hai più pseudonimi di quanti ne abbia usati Pessoa, potresti voler creare un nome che li comprenda tutti.

Alcuni autori scelgono di avere abbonamenti multipli (ne parleremo nelle FAQ, tranquillo). Altri danno al loro abbonamento il nome del loro mondo immaginario o del loro club di lettori. L'importante è che sia un nome che risuoni con il tuo pubblico e che sia facile da ricordare.

Dovrai anche creare un'immagine di intestazione per il tuo abbonamento. È come lo stemma del tuo casato, se vuoi. Non serve assumere Leonardo da Vinci per disegnarlo, puoi usare Canva e ottenere risultati dignitosi. L'importante è che evochi un'emozione nei tuoi lettori che risuoni con le tue storie.

Il mio consiglio? Non farti paralizzare dalla ricerca della perfezione. Puoi sempre cambiare nome e immagine in seguito. L'importante è iniziare!

2. Pagina Informativa/Chi Sono

Questa è la tua dichiarazione al trono, per così dire. È dove condividi un po' di te stesso e del tuo abbonamento con i potenziali lettori. Non deve essere un capolavoro di marketing, ma uno spazio per parlare apertamente ai tuoi lettori.

3. Livelli di Abbonamento

Questo è come decidere chi può entrare in quali stanze del tuo castello. Ne parleremo più dettagliatamente nel prossimo capitolo, ma ricorda: più semplice è, meglio è. Soprattutto all'inizio. Puoi sempre aggiungere più "stanze" in seguito.

4. Caricamento dei Contenuti

Questa è la parte in cui riempi le tue stanze di tesori letterari. Non tutti gli autori caricano i loro libri sulla piattaforma di abbonamento, alcuni offrono altri tipi di benefici. Altri caricano tutto il loro catalogo.

Su molte piattaforme, questo processo può essere un po' fastidioso, come cercare di infilare un divano in una porta troppo stretta. Ma non temere! Su Ream, per esempio, hanno un sistema che rende tutto più semplice. Puoi caricare il tuo manoscritto e la piattaforma lo dividerà automaticamente in capitoli. Vuoi pubblicare un capitolo a settimana per i prossimi mesi? Ci vogliono solo pochi secondi per programmarlo.

Ora che abbiamo fatto il tour del tuo futuro castello letterario, è tempo di parlare di come arredare le tue stanze, ovvero pianificare i tuoi livelli di abbonamento.

Ma prima di passare al prossimo capitolo, ricorda: la tua "casa" dell'abbonamento dovrebbe riflettere te stesso e le tue storie. Non cercare di imitare il castello di un altro scrittore se tu sei più tipo chalet di montagna. L'autenticità è la chiave.

CAPITOLO 7
PIANIFICARE I LIVELLI DEL TUO ABBONAMENTO

Ordunque, chef della letteratura, è arrivato il momento di decidere cosa servirai ai tuoi commensali... ehm, lettori nel tuo abbonamento. Se dai un'occhiata ad alcuni degli autori di maggior successo con gli abbonamenti, come Emilia Rose o Shirtaloon, vedrai che hanno molti livelli con tonnellate di ricompense diverse.

Può sembrare spaesante, lo so. Potresti chiederti: "Come farò a creare un abbonamento del genere?".

Il trucco è: non lo farai... almeno, non all'inizio.

Invece di pianificare dieci livelli diversi con oltre una dozzina di ricompense diverse tra loro, è meglio iniziare in modo semplice e piccolo e crescere nel tempo con il feedback dei tuoi lettori. È come aprire un ristorante: non inizi con un menù di 100 piatti, ma con pochi piatti fatti bene. Parola di Chef Ramsay.

Un "livello" è un'offerta ai tuoi lettori a un prezzo specifico. Li vediamo ovunque nei prodotti in abbonamento, da Netflix che offre la visione in 4K premium nei suoi livelli a prezzo più alto, alle compagnie telefoniche che offrono diversi limiti di dati in livelli di servizio specifici.

Gli autori possono fare lo stesso. Per esempio, a volte gli autori offrono l'accesso anticipato alle prime bozze dei loro libri, mentre li stanno scrivendo, ai loro super fan a un livello di ingresso. Poi, magari a un livello di prezzo più alto, i lettori non solo ottengono l'accesso anticipato alle prime bozze dei loro libri in formato testo, ma hanno anche l'accesso anticipato alle edizioni audio delle loro storie o l'accesso a una diretta streaming esclusiva.

I benefici e le ricompense che puoi offrire sono illimitati. Il mio consiglio per definire le tue ricompense è di tracciare tre cerchi diversi come parte di un diagramma di Venn...

Cerchio 1: Cosa sei interessato a fornire ai tuoi lettori in un abbonamento?

Cerchio 2: Cosa stanno facendo altri autori di successo con gli abbonamenti, specialmente quelli con un pubblico simile al tuo?

Puoi trovare molti autori di successo con abbonamenti attraverso la scoperta su Ream a https://reamstories.com/ (è inglese, va bene, però almeno ti fai un'idea). In alternativa esplora anche WattPad.

Cerchio 3: Cosa hanno detto i tuoi lettori che vogliono di più, sia nelle email, nei post della community su Facebook, ecc.?

Nota: Se stai iniziando come autore, concentrati di più sui Cerchi 1 e 2.

Idealmente, puoi trovare una sana sovrapposizione tra questi cerchi che può rendere felici te e i tuoi lettori mentre generi al tempo stesso un bel reddito dal tuo abbonamento. Questa fase può essere intimidatoria, e alcuni autori si scervellano per ore per inventare i livelli perfetti.

Il mio primo consiglio: nessun livello è mai perfetto. Ecco perché puoi cambiarli nel tempo dopo il lancio. È meglio condividere qualcosa con i tuoi lettori e ottenere feedback piuttosto che non condividere nulla perché continui a ripensare ai tuoi benefici.

Il mio secondo consiglio: è davvero divertente e vantaggioso innovare ed essere creativi, e ti incoraggio a farlo. Tuttavia, potresti non aver bisogno di reinventare la ruota con i tuoi livelli e benefici di abbonamento.

Diamo un'occhiata ad alcuni popolari modelli di business per gli abbonamenti degli autori:

1. **Il Modello "Accesso Anticipato":**

Offri ai tuoi abbonati l'accesso ai capitoli del tuo nuovo libro mentre lo scrivi. È come far assaggiare loro il piatto mentre lo cucini!

2. **Il Modello "Tutto Compreso":**

Gli abbonati hanno accesso a tutto il tuo catalogo. È come un buffet all-you-can-eat dei tuoi libri!

3. **Il Modello "Dietro le Quinte":**

Condividi il tuo processo creativo, bozze, note e altro. È come portare i tuoi lettori in un tour del tuo laboratorio creativo.

4. **Il Modello "Community":**

Crea un forum o un gruppo esclusivo dove gli abbonati possono interagire tra loro e con te. È come avere un club del libro privato!

5. **Il Modello "Contenuti Esclusivi":**

Offri storie brevi, spin-off o contenuti bonus che non sono disponibili altrove. È come servire piatti speciali che non sono nel menù regolare.

Non devi offrire tutto subito. Puoi iniziare con un solo livello e poi espanderti man mano che cresci. L'importante è iniziare e essere disposti ad adattarsi in base al feedback dei tuoi lettori.

CAPITOLO 8
I MODELLI DI ACCESSO ANTICIPATO

Sei pronto a far sentire i tuoi lettori come VIP con un pass per il backstage del tuo processo creativo? Allora parliamo di come funziona questo sistema.

IL PROCESSO DI ACCESSO ANTICIPATO

Immagina di iniziare a scrivere il tuo prossimo libro. Invece di aspettare di finirlo per pubblicarlo, offri ai tuoi abbonati l'accesso ai capitoli man mano che li scrivi. È come invitarli nella tua cucina mentre prepari un piatto gourmet!

Ecco un esempio di come potrebbe funzionare:

Giorno 1: Capitolo 1 rilasciato agli abbonati
   Giorno 5: Capitolo 2 rilasciato agli abbonati
   ...e così via.

. . .

Dopo un mese, magari inizi a pubblicare i capitoli su piattaforme di fiction seriale come Wattpad o Royal Road, ma i tuoi abbonati saranno sempre in vantaggio di un mese.

PROGRAMMI DI RILASCIO PER L'ACCESSO ANTICIPATO

Quanto spesso dovresti pubblicare i capitoli? Beh, dipende da te. Alcuni autori pubblicano 3-5 capitoli a settimana, altri uno al mese. Non c'è una regola fissa.

Il mio consiglio? Trova un ritmo che puoi mantenere a lungo termine. Ricorda, non sei una macchina sforna-libri (a meno che tu non usi l'IA).

E SE UN LETTORE SI ABBONA A METÀ STORIA?

Buona domanda! Di solito, quando un nuovo lettore si abbona, ha accesso a tutti i capitoli pubblicati fino a quel momento. È come entrare in un cinema a film iniziato, ma con la possibilità di rivedere le scene perse.

OFFRIRE IL TUO CATALOGO NELL'ABBONAMENTO

Alcuni autori offrono anche l'accesso al loro intero catalogo come parte dell'abbonamento. È come creare una "tessera della biblioteca" per i tuoi libri. Emilia Rose, per esempio, lo fa con grande successo.

ALTRE CONSIDERAZIONI PER L'ACCESSO ANTICIPATO

Non tutti gli autori offrono l'accesso anticipato capitolo per capitolo. Lindsay Buroker, per esempio, offre l'accesso anticipato ai suoi libri completi prima che vengano rilasciati su altri store.

Alcuni autori offrono anche l'accesso anticipato agli audiolibri o alle versioni cartacee. Un invio di "mini-episodi" audio per gli abbonati di livello più alto può essere un'altra idea.

Ricorda, l'importante è sperimentare e trovare ciò che funziona meglio per te e i tuoi lettori.

Consigli Bonus:

1. Usa i cliffhanger! Concludi i tuoi capitoli con suspense per far tornare i lettori.

2. Comunica con i tuoi abbonati. Falli sentire parte del processo creativo.

3. Sii flessibile. Se vedi che qualcosa non funziona, non aver paura di cambiarlo.

4. Offri contenuti extra. Magari note dell'autore, bozze scartate, o racconti della tua vita.

5. Usa una piattaforma che renda facile gestire l'accesso anticipato. Ream, per esempio, permette di programmare il rilascio dei capitoli in modo semplice.

L'accesso anticipato non è solo un modo per guadagnare di più, ma per creare una connessione più profonda con i tuoi lettori. È come invitarli nel tuo laboratorio creativo e farli sentire parte del processo.

CAPITOLO 9
LE BASI DEL MARKETING PER GLI ABBONAMENTI

Il marketing degli abbonamenti è, come ormai sappiamo detto, una maratona. La cosa importante è **pensare a lungo termine** e costruire un rapporto autentico con i tuoi lettori. Ecco un riepilogo delle regole d'oro e delle strategie concrete:

Regole d'Oro per Promuovere il Tuo Abbonamento:

1. **Concentrati sui lettori esistenti**: Sono già coinvolti nelle tue storie, e sono i più propensi a volere di più. Non trascurare questo prezioso gruppo.
2. **Punta ai superfan**: Non cercare di convincere tutti. I superfan sono quelli che divorano ogni tua parola; coltiva il loro entusiasmo con contenuti esclusivi.
3. **Usa il feedback per migliorare**: Considera i commenti e le opinioni degli abbonati come un'opportunità per perfezionare le tue opere prima della pubblicazione generale.
4. **La fidelizzazione è la chiave**: Non dare per scontati i tuoi abbonati. Fai in modo che si sentano parte di qualcosa di speciale e continua a sorprenderli.

5. **Il denaro non equivale a un superfan**: Ricorda che alcuni fan potrebbero non avere i mezzi per supportarti finanziariamente, ma il loro sostegno è ugualmente prezioso.

Strategie Concrete:

- **Newsletter**: Usa la tua newsletter come strumento principale per promuovere l'abbonamento. Condividi alcuni capitoli come anteprima e invita i lettori a iscriversi con una call-to-action chiara e accattivante.
- **QR code nei libri cartacei**: Inserisci un QR code o un link al tuo abbonamento alla fine dei tuoi libri. È un modo semplice e diretto per invitare i lettori a continuare l'esperienza.
- **Rompi la quarta parete**: Coinvolgi i tuoi lettori facendo parlare i personaggi direttamente a loro, come se fossero "vivi" e consapevoli di un mondo oltre la pagina. È un trucco che crea intimità e invoglia il lettore a scoprire di più.
- **Social media mirati**: Concentrati sui gruppi e le community dove sai che i tuoi lettori sono presenti. Non cercare di parlare a tutti, ma scegli con cura il tuo pubblico.
- **Offri un assaggio gratuito**: Pubblica alcuni capitoli gratuitamente su piattaforme come Ream. È un metodo per invogliare i lettori a passare al contenuto premium.

Fiducia e Continuo Miglioramento:

Non sentirti scoraggiato se qualcuno si disiscrive. È un processo normale e parte del gioco. Piuttosto, concentrati su come mantenere alta la qualità e il coinvolgimento con i tuoi lettori attivi. Mostra loro che fanno parte di una community esclusiva, dove possono esplorare un mondo narrativo in continua espansione.

L'obiettivo è quello di costruire una connessione profonda con i tuoi lettori, offrendo loro un'esperienza che vada oltre la lettura. **Non si tratta solo di vendere contenuti**, ma di creare un club di appassionati che condividono la tua passione.

CAPITOLO 10
COME LANCIARE IL TUO ABBONAMENTO

Siamo giunti alla parte cruciale: **il lancio del tuo abbonamento!** Immagina di essere sul punto di lanciare un razzo, solo che invece di andare nello spazio, il tuo obiettivo è conquistare i cuori dei tuoi lettori. Dopo aver preparato il terreno, potresti considerare di lanciare una versione beta del tuo abbonamento.

Guida in cinque passi per un lancio di successo:

Passo 1: Il Pre-Lancio

L'obiettivo qui è preparare il terreno e sondare la domanda tra i tuoi lettori. Mappare le connessioni dirette con il pubblico è fondamentale, quindi sfrutta i tuoi canali più efficaci come la mailing list o i social media.

- **Mappa i tuoi canali**: Identifica dove hai già connessioni dirette con i tuoi lettori.
- **Fai sondaggi**: Chiedi ai tuoi lettori cosa vorrebbero da un abbonamento. Questo non solo ti dà idee preziose, ma coinvolge il pubblico.

- **Pianifica**: Se sei agli inizi e non hai una base di lettori, pensa a come attirare le persone nel tuo mondo narrativo.

Passo 2: Il Lancio Beta (Opzionale)

Lanciare una versione beta è come invitare gli amici più stretti a dare un'occhiata prima della grande festa.

- **Scegli un gruppo ristretto di superfan**: Invita un piccolo gruppo di lettori fedeli per testare l'abbonamento.
- **Ottieni feedback**: Usa i loro commenti per perfezionare l'esperienza prima del lancio ufficiale.
- **Fai modifiche**: Affina il tuo abbonamento basandoti sulle impressioni dei tuoi beta tester.

Passo 3: Il Lancio Ufficiale

Ora è il momento di aprire le porte a tutti i tuoi lettori.

- **Usa tutti i tuoi canali**: Email, social media, newsletter — utilizza ogni mezzo per comunicare il lancio.
- **Crea un bonus di lancio**: Aggiungi un incentivo limitato nel tempo per creare urgenza.
- **Condividi estratti**: Offri anteprime per entusiasmare i lettori.
- **Lancia in quattro ondate**: Suddividi il tuo lancio in quattro momenti durante il mese per mantenere l'interesse.

Ad esempio puoi offrire in esclusiva ai primi 100 iscritti una Mystery Box speciale e poi condividere i primi tre capitoli del nuovo libro.

Passo 4: Marketing Post-Lancio

Non fermarti dopo il lancio! È essenziale continuare a promuovere il tuo abbonamento in modo coerente e strategico.

- **Inserisci link ovunque**: Aggiungi link o QR code nei tuoi libri e nelle tue email.
- **Rimani visibile**: Promuovi l'abbonamento regolarmente nei tuoi canali, soprattutto con contenuti che aggiungono valore.
- **Aggiorna le note dell'autore**: Sfrutta ogni occasione per menzionare l'abbonamento.

Inserisci ad esempio un QR code alla fine dei tuoi libri cartacei per facilitare l'accesso all'abbonamento, e poi inizia a scrivere newsletter dal punto di vista dei tuoi personaggi per coinvolgere di più i lettori.

Passo 5: Marketing per gli Abbonati

Il vero successo sta nel mantenere felici i tuoi abbonati attuali. È come coltivare una relazione.

- **Offri nuove esperienze**: Trova modi nuovi e creativi per coinvolgere i tuoi abbonati.
- **Concentrati sulla ritenzione**: È più facile mantenere un abbonato felice che trovarne uno nuovo.
- **Fai sentire speciali i tuoi abbonati**: Dai loro accesso a contenuti esclusivi o esperienze che non possono trovare altrove.

Un Consiglio Finale:

Il lancio è solo l'inizio. Il vero lavoro consiste nel mantenere il tuo pubblico felice, creando un'esperienza che amano e che li faccia sentire parte di qualcosa di speciale. **Non preoccuparti se qualcuno si disiscrive: è normale**. Concentrati su come puoi migliorare continuamente e crescere nel tempo.

CAPITOLO 11
COME ACCOGLIERE I LETTORI NEL TUO ABBONAMENTO

Benvenuto alla fase cruciale, e spesso trascurata, del tuo abbonamento: l'onboarding dei lettori. Immagina di accogliere i tuoi ospiti a casa; vuoi farli sentire a loro agio, mostrare loro dove trovare le cose migliori, e dare un caloroso benvenuto. Presto diventerai il miglior padrone di casa letterario che ci sia!

Secondo Robbie Kellerman Baxter, autore di *The Membership Economy*, ci sono tre passi fondamentali per un buon processo di onboarding:

1. Rimuovere gli attriti
2. Offrire valore immediato
3. Premiare i comportamenti desiderati che porteranno al successo dell'abbonamento

Tenendo a mente questo approccio, ecco alcuni passi concreti per accogliere i tuoi lettori nell'abbonamento:

. . .

Panoramica del Programma/Benefici

Questo è l'elemento più importante. Ricorda ai tuoi lettori quando possono aspettarsi i capitoli in anteprima e gli altri vantaggi. Crea un calendario che indichi quando saranno rilasciati i nuovi capitoli, le dirette online e la spedizione della Mystery Box, per esempio.

Tutorial Tecnologico

Fornisci ai tuoi lettori qualche dritta su come navigare la piattaforma o l'app che stai usando. Crea un breve video tutorial che mostra come accedere ai contenuti esclusivi e come partecipare alle discussioni nella community. Se hai un Mac, ad esempio, puoi usare Quicktime Player per catturare lo schermo.

Linee Guida della Community

Stabilisci chiaramente le regole per l'interazione nella comunità. Esempi sono "No spoiler nei commenti pubblici" e "Tratta gli altri membri con rispetto, come faresti in un vero club letterario".

Valori e Missione

Condividi perché ti appassiona riunire i tuoi superfan in un abbonamento e cosa speri che i tuoi lettori ottengano da questa esperienza. Puoi condividere una lettera personale dove spieghi come l'abbonamento ti permetta di esplorare più a fondo le implicazioni dei tuoi libri o di creare un legame più intimo con i lettori più appassionati.

Presentazioni tra i Membri

Offri ai nuovi lettori l'opportunità di presentarsi a te e agli altri membri. Crea un thread di benvenuto dove i nuovi membri possono presentarsi e condividere il loro libro preferito o un ricordo speciale. Puoi creare anche un gruppo privato e gratuito su Facebook.

· · ·

L'obiettivo è dare ai tuoi lettori un'introduzione concisa ma calorosa, così saranno pronti a fare ciò che li farà restare: interagire con le tue storie e con te, oltre che con gli altri lettori della community.

Ecco alcuni consigli extra per rendere il processo di onboarding indimenticabile:

Personalizza il benvenuto

Manda un messaggio di benvenuto personalizzato a ogni nuovo abbonato. Un tocco personale può fare una grande differenza!

Offri un regalo di benvenuto

Potrebbe essere un capitolo bonus, un wallpaper esclusivo per il telefono, o una ricetta per dei biscotti speciali ispirati al tuo ultimo cozy mystery.

Crea una "Caccia al tesoro"

Incoraggia i nuovi abbonati a esplorare tutte le funzionalità del tuo abbonamento con una divertente caccia al tesoro virtuale.

Organizza un evento di benvenuto

Una volta al mese, organizza una diretta o un incontro virtuale per accogliere tutti i nuovi abbonati e permettere loro di conoscerti meglio.

Chiedi feedback

Dopo la prima settimana, chiedi ai nuovi abbonati come sta andando la loro esperienza. Questo ti aiuterà a migliorare costantemente il processo di onboarding.

L'onboarding non è solo un processo tecnico, ma un'opportunità per creare una connessione emotiva con i tuoi lettori. Falli sentire parte di qualcosa di speciale fin dal primo momento.

CAPITOLO 12
COME GESTIRE IL TUO ABBONAMENTO

Hai lanciato il tuo abbonamento: bravo! Ma ora inizia la parte più interessante (e, ammettiamolo, anche un po' complicata): gestirlo. È come essere al timone di una nave: devi mantenere la rotta, far sì che il tuo equipaggio rimanga felice e superare eventuali tempeste.

Ecco alcuni punti chiave per gestire con successo il tuo abbonamento:

- **Consegna delle Ricompense**

La coerenza è tutto. Se prometti due capitoli a settimana, assicurati di consegnarli. Se offri merchandise ogni tre mesi, spediscilo puntualmente. La fiducia dei tuoi lettori è il bene più prezioso.

Un consiglio: crea un "buffer" di contenuti. Ad esempio, tieni sempre almeno un mese di capitoli pronti in anticipo. Così, se capita un'emergenza (o se semplicemente vuoi goderti una settimana di vacanza), i tuoi lettori non restano a bocca asciutta.

- **Interazione con i Lettori**

Rispondi ai messaggi, commenta i loro commenti, costruisci una comunità. Sì, richiede tempo ed energia, ma è essenziale.

Trucco: se scrivi in inglese utilizza una piattaforma come Ream che semplifica la gestione dei commenti e delle interazioni. Ti farà risparmiare ore di lavoro!

- **Limiti dei Livelli**

Se offri servizi personalizzati o merchandise limitato, considera di porre un limite al numero di abbonati per certi livelli.

Ad esempio limita a 100 il numero di abbonati che ricevono la "Mystery Box" mensile. Questo ti permette di mantenere alta la qualità e l'esclusività.

- **Massimizzare la Fidelizzazione**

Ecco qualche consiglio per far sì che i tuoi lettori rimangano:

- Costruisci relazioni personali: invia messaggi personalizzati, ricordati i loro compleanni, fai sentire speciale ogni abbonato.
- Rendi tutto più divertente: sii te stesso, porta la tua personalità nell'abbonamento.
- Dai ai lettori ciò che vogliono: ascolta il loro feedback e adattati.
- Presta attenzione alle "interviste d'uscita": quando qualcuno si disiscrive, cerca di capire il perché e usa queste informazioni per migliorare.

- **Implementa i Cambiamenti**

Non aver paura di far evolvere il tuo abbonamento basandoti sul feedback dei lettori. Ma cerca di non stravolgere tutto troppo rapidamente.

Consiglio Extra: Automatizza Dove Possibile

Usa strumenti che ti semplificano la vita. Piattaforme come Ream possono aiutarti a programmare i contenuti, gestire i commenti e monitorare le statistiche. In questo modo, avrai più tempo per scrivere e interagire con i tuoi lettori.

Gestire un abbonamento è un'arte, non una scienza esatta. Ci saranno alti e bassi, ma con pazienza e dedizione, potrai creare un'esperienza straordinaria per i tuoi lettori.

E non dimenticare di prenderti cura di te stesso durante il processo. La gestione di un abbonamento può essere impegnativa, quindi concediti delle pause quando ne hai bisogno. I tuoi lettori apprezzeranno un autore riposato e ispirato molto più di uno stressato e sovraccarico.

CAPITOLO 13
COME APPORTARE MODIFICHE AL TUO ABBONAMENTO

Apportare modifiche agli abbonamenti è come camminare su una fune: da un lato vuoi innovare e migliorare, dall'altro non vuoi sconvolgere i tuoi lettori più fedeli. Preparati a diventare un vero equilibrista letterario!

Prima di tutto, ricorda: la coerenza è fondamentale. Cambiamenti costanti possono minare la fiducia dei tuoi lettori. Ma questo non significa che non puoi evolverti. Ecco alcuni segnali che potrebbero indicare la necessità di modifiche:

Un livello non è più redditizio

Se un livello ti fa perdere soldi, è ora di cambiare strategia. Potresti:

- Archiviare il livello per i nuovi iscritti
- Comunicare ai vecchi abbonati che ci saranno dei cambiamenti
- Aumentare il prezzo per i nuovi iscritti

Ad esempio potresti dover modificare il livello "Mystery Box" perché i costi di spedizione sono aumentati. Mantieni il prezzo per i vecchi abbonati, ma alzalo per i nuovi.

. . .

Un livello o una ricompensa non ti diverte più

Se qualcosa ti fa detestare il tuo abbonamento, hai tutto il diritto di cambiarlo. Comunica il cambiamento ai tuoi lettori spiegando le tue ragioni. Ad esempio potresti voler eliminare le dirette settimanali perché stanno diventando troppo stressanti. Spiega ai tuoi lettori che preferisci concentrarti sulla scrittura e proponi delle alternative, come sessioni di Q&A mensili.

Alcuni livelli hanno tassi di adesione più bassi del previsto

Se un nuovo livello, nonostante una promozione adeguata, non attira abbonati, hai due opzioni: modificarlo o eliminarlo. Se lanci il livello "Critico Letterario" e non ha avuto successo, modificalo in "Detective Consulente", permettendo ai lettori di contribuire con idee per i tuoi thriller.

I lettori si stanno disiscrivendo a tassi insolitamente alti da un livello specifico

Cerca di capire quando è iniziato il picco di disiscrizioni e cosa potrebbe averlo causato.

I sondaggi tra i lettori chiedono cambiamenti

Se i tuoi lettori sono entusiasti di un'idea specifica, considera di integrarla. Ma ricorda: sei tu l'autore, hai sempre l'ultima parola!

Vuoi offrire un beneficio aggiuntivo su un livello diverso

Questa è una modifica semplice. Puoi creare un nuovo livello senza influenzare gli abbonati esistenti.

. . .

Stai concludendo una serie e vuoi cambiare il programma di pubblicazione

Non devi mantenere lo stesso ritmo di pubblicazione per sempre. Puoi fare delle pause o modificare la frequenza dei capitoli. Comunica però chiaramente e con anticipo questi cambiamenti.

Consigli per implementare le modifiche:

- **Comunica chiaramente** Spiega sempre il motivo dei cambiamenti e come influenzeranno gli abbonati.
- **Dai un preavviso** Non fare modifiche dall'oggi al domani. Dai ai tuoi lettori il tempo di adattarsi.
- **Offri opzioni** Se possibile, dai ai tuoi abbonati la scelta tra diverse alternative.
- **Sii flessibile** Ascolta il feedback e aggiusta il tiro, se necessario.
- **Mantieni la tua visione** Pur ascoltando i tuoi lettori, ricorda che è il tuo abbonamento. Fai cambiamenti che ti entusiasmino davvero.

Esempio: hai deciso di passare dai thriller ambientati a Tokyo a una nuova serie ambientata a Kyoto, comunicando il cambiamento con mesi di anticipo. Offri agli abbonati la possibilità di rimanere nel "Tokyo Noir Club" (con accesso ai contenuti di archivio) o passare al nuovo "Kyoto Mystery Circle". Crea anche un livello "Japan Noir Complete" per chi vuole seguire entrambe le serie.

Ricorda, l'evoluzione è naturale e può mantenere i tuoi lettori entusiasti. Non avere paura di sperimentare, ma fallo con attenzione e rispetto per i tuoi abbonati fedeli.

Anche i cambiamenti più audaci possono portare a risultati sorprendenti.

CAPITOLO 14
COME GESTIRE GLI IMPREVISTI

È arrivato il momento di parlare di un argomento che spesso trascuriamo: te stesso. Sì, hai capito bene. Questo capitolo riguarda te, la tua sanità mentale, la tua felicità e la tua vita. Perché, che ci creda o no, sei più importante del tuo prossimo capitolo o del tuo abbonamento.

Parliamo di quelle situazioni in cui la vita decide di sconvolgere i nostri piani creativi. Potrebbe trattarsi di un'emergenza familiare, di un problema di salute o semplicemente del bisogno di una pausa per ricaricare le batterie. In questi momenti, è fondamentale ricordare che il tuo benessere viene prima di tutto.

Ecco alcuni consigli su come affrontare questi momenti senza compromettere il tuo abbonamento (e la tua sanità mentale):

Riconosci i segnali
Impara a riconoscere quando stai raggiungendo il limite. Stress eccessivo, insonnia, perdita di entusiasmo per la scrittura... questi possono essere segnali che è ora di prenderti una pausa.

Comunica apertamente
Se hai bisogno di rallentare o fare una pausa, comunicalo ai tuoi abbonati. La maggior parte capirà e apprezzerà la tua onestà.

Pianifica in anticipo

Cerca di avere sempre un "buffer" di contenuti pronti per situazioni impreviste, tipo almeno un mese di capitoli pronti in anticipo.

Utilizza le funzioni di pausa

Molte piattaforme di abbonamento permettono di mettere in pausa i pagamenti dei lettori. Usale se necessario.

Chiedi aiuto

Non avere paura di chiedere una mano. Magari un amico scrittore può coprirti per qualche settimana, o potresti assumere un assistente temporaneo.

Ripensa la tua offerta

Se ti trovi costantemente sopraffatto, potrebbe essere il momento di rivedere la struttura del tuo abbonamento. Forse stai promettendo troppo?

Prenditi cura di te

Fai sport, mangia bene, dormi a sufficienza. Un autore in salute è un autore produttivo.

Ricorda perché hai iniziato

Nei momenti difficili, ricorda perché hai iniziato a scrivere. Riconnettiti con la tua passione.

Ti faccio un esempio di un autore americano. L'anno scorso, il padre si è ammalato gravemente e si è dovuto prendere cura di lui per alcuni mesi. Ha comunicato la situazione ai suoi abbonati, spiegando che avrebbe rallentato il ritmo di pubblicazione. Ha messo in pausa i pagamenti per un mese e ha offerto contenuti bonus dal suo archivio come compensazione. La risposta dei lettori è stata incredibilmente comprensiva e di supporto. Alcuni gli hanno persino inviato messaggi di incoraggiamento!

I tuoi lettori non sono solo consumatori dei tuoi contenuti, ma persone che si preoccupano per te. La maggior parte capirà se hai bisogno di prenderti cura di te stesso.

Infine, tieni a mente che la vita è imprevedibile. Anche i piani migliori possono essere sconvolti. L'importante è come reagisci a questi imprevisti. Con onestà, flessibilità e un po' di pianificazione, puoi superare qualsiasi ostacolo.

CAPITOLO 15
RISOLUZIONE DEI PROBLEMI DEL TUO ABBONAMENTO

A volte, il tuo abbonamento non funziona come previsto. Magari stavi crescendo costantemente e poi... puff! La crescita si è fermata. O forse hai lottato fin dall'inizio per far iscrivere i lettori. Non preoccuparti, è il momento di indossare il cappello da detective e risolvere il mistero del tuo abbonamento!

Ecco alcuni passi da seguire per risolvere i problemi:

Contatta direttamente gli abbonati fedeli

Chiedi loro perché apprezzano il tuo abbonamento. Formula l'email in modo positivo, chiedendo feedback su cosa gli piace e come potresti migliorare.

Cambia il messaging e il branding

A volte un approccio troppo "venditoresco" può allontanare i lettori. Sperimenta con un linguaggio che si connetta alla promessa del tuo brand e metta in evidenza i tuoi punti di forza creativi. Ad esempio potresti cambiare il nome del tuo abbonamento per enfatizzare l'esperienza immersiva che offri.

Modifica i benefici e i prezzi

Spesso, gli autori sovraccaricano i loro livelli con troppi benefici, creando confusione. Se tutto il resto fallisce, semplifica. Un solo livello e un solo beneficio possono essere più che sufficienti. Concentrati sui benefici che i tuoi lettori apprezzano di più.

Trova i punti di forza e replicali
Invece di concentrarti sui problemi, cerca gli aspetti positivi del tuo abbonamento e amplificali.

Verifica il marketing del tuo abbonamento
Esamina come interagisci con i tuoi lettori. Promuovi adeguatamente il tuo abbonamento? È menzionato sul tuo sito web, nelle newsletter, sui social media, alla fine dei tuoi libri?

Rivaluta se gli abbonamenti sono giusti per te in questo momento della tua carriera
Se dopo aver provato tutto il resto il tuo abbonamento continua a sottoperformare, potrebbe essere il momento di metterlo in pausa e concentrarti su altre aree del tuo business d'autore.

Consigli extra per la risoluzione dei problemi:

- **Sii paziente** A volte ci vuole tempo perché un abbonamento decolli. Non arrenderti troppo presto.
- **Ascolta i tuoi lettori** Spesso i tuoi abbonati hanno le risposte che cerchi. Crea un canale di feedback aperto.
- **Sperimenta** Non avere paura di provare cose nuove. A volte, un'idea folle potrebbe essere quella vincente.
- **Analizza i dati** Utilizza gli strumenti analitici a tua disposizione per capire cosa funziona e cosa no.
- **Chiedi aiuto** Non esitare a chiedere consigli ad altri autori o esperti del settore.

Ricorda, anche i migliori detective a volte si trovano di fronte a casi difficili. L'importante è non arrendersi e continuare a cercare soluzioni creative.

Facciamo un esempio: hai notato un calo nelle iscrizioni al tuo abbonamento. Invece di farti prendere dal panico, decidi di indagare. Invii un sondaggio ai lettori e scopri che molti vogliono più interazione diretta con te. Introduci quindi una sessione mensile di Q&A in diretta, dove rispondi alle domande dei lettori mentre bevete un tè insieme (virtualmente, ovviamente). Questa semplice aggiunta può accrescere l'interesse per il tuo abbonamento e portare a nuove iscrizioni.

Il tuo abbonamento è un'estensione del tuo mondo creativo. Se stai avendo difficoltà, potrebbe essere il momento di riconsiderare non solo l'abbonamento, ma anche come ti stai connettendo con i tuoi lettori in generale.

CAPITOLO 16
COME ESPANDERE IL TUO ABBONAMENTO

Se sei arrivato a questo punto, congratulazioni! Hai un abbonamento che funziona e ora vuoi farlo crescere ("scaling" in inglese). È come avere un ristorante di successo e voler aprire una catena. Prepara la tua visione, perché stiamo per trasformare il tuo piccolo club del libro in un vero e proprio impero letterario!

Ecco alcune strategie concrete per espandere il tuo abbonamento:

Centralizza il tuo business intorno ai contenuti in abbonamento

Sembra semplice, ma è potentissimo. Fai dell'abbonamento la tua priorità. Ad esempio inizia a promuovere l'accesso anticipato dei tuoi romanzi attraverso l'abbonamento, invece di concentrarti sulle uscite negli store online. Vedrai un aumento significativo delle iscrizioni.

Offri nuovi livelli per diversi segmenti del tuo pubblico

Crea tier, cioè livelli, che possano attrarre diverse tipologie di lettori. Aggiungi ad esempio un livello «Amanti dell'Audio" per chi preferisce ascoltare i tuoi audiolibri e podcast, e uno «Apprendista Sherlock Holmes" per chi vuole partecipare attivamente alla creazione delle trame.

Fornisci tier a prezzo più alto per aumentare il profitto per lettore

A volte è più facile far pagare di più i fan esistenti che trovarne di nuovi. Magari includi un livello "Super VIP" che include una videochiamata mensile con te e un box di specialità della tua regione. Costa di più, ma i super fan potrebbero adorarlo!

Introduci più lettori al tuo brand

Ovvio, ma essenziale. Senza nuovi lettori, il tuo business muore lentamente. Inizia a collaborare con influencer dei libri o degli argomenti di cui tratti per raggiungere nuovi potenziali lettori.

Nutri i lettori esistenti per trasformarli in abbonati paganti

Spesso sottovalutato, ma cruciale. I lettori che già ti conoscono sono più propensi a diventare abbonati. Crea un tier gratuito come assaggio del tuo abbonamento completo. Alcuni membri finiranno per iscriversi al servizio completo.

Consigli extra per scalare con successo:

- **Mantieni la qualità** Mentre cresci, non sacrificare la qualità dei tuoi contenuti o dell'esperienza dei lettori.
- **Ascolta il feedback** I tuoi abbonati sono la migliore fonte di idee per la crescita. Crea canali per raccogliere e implementare il loro feedback.
- **Automatizza dove possibile** Man mano che cresci, cerca modi per automatizzare i processi ripetitivi. Questo ti permetterà di concentrarti sulla creazione di contenuti.
- **Costruisci una squadra** Non aver paura di delegare. Forse è il momento di assumere un assistente o un community manager.
- **Pianifica in anticipo** Pensa a lungo termine. Come sarà il tuo abbonamento tra un anno? E tra cinque?
- **Sperimenta, ma con cautela** Non aver paura di provare cose nuove, ma testale su piccola scala prima di implementarle completamente.

Facciamo un esempio: hai deciso di scalare il tuo abbonamento "Toscana Noir». Inizia offrendo un nuovo livello chiamato «Esploratori" che include non solo l'accesso anticipato ai tuoi polizieschi, ma anche una guida mensile a un agriturismo della tua zona dove magari hai ambientato parte della tua storia. Questo attirerebbe non solo i fan del genere poliziesco, ma anche gli appassionati di viaggi.

Scalare non significa solo aumentare i numeri, ma anche approfondire la connessione con i tuoi lettori. Ogni nuovo abbonato dovrebbe sentirsi parte di qualcosa di speciale, non solo un numero.

Simon Sinek nel suo libro "Start with why" sottolinea l'importanza del chiedersi "perché" nel business. Focalizzati anche tu sul perché hai iniziato tutto questo: per condividere le tue storie e connetterti con i tuoi lettori. Mantieni viva questa passione mentre cresci.

CAPITOLO 17
DOVE SI INSERISCONO GLI ABBONAMENTI NEL TUO BUSINESS LETTERARIO

Siamo giunti all'ultimo capitolo di questa avventura nel mondo degli abbonamenti. È stato un viaggio intenso, vero? Ma ora è il momento di capire come questo nuovo strumento si inserisce nel tuo business più ampio. È come decidere dove mettere quel bellissimo divano nuovo in casa tua: deve stare bene con il resto dell'arredamento!

Ecco alcuni modelli per integrare gli abbonamenti nel tuo business:

- **Il Modello Fondamentale** In questo caso, l'abbonamento diventa il centro del tuo business. Tutti gli altri flussi di entrate ruotano intorno a esso. Magari inizi con un piccolo abbonamento solo come extra e poi, distanza di tempo, ti accorgi che ora è diventato il cuore pulsante del tuo business, con i libri tradizionali che fungono da "esca" per attirare nuovi abbonati.
- **Il Club dei Superfan (o Il Tuo Mini-Parco Divertimenti)** Questo modello si concentra sull'offrire servizi, prodotti e valori aggiuntivi ai tuoi fan più accaniti. Pensa al tuo abbonamento come a un parco divertimenti in miniatura dedicato alle tue storie.

- **Il Campo di Prova** Usa l'abbonamento per testare e sperimentare nuove idee con un gruppo ristretto di fan. Ad esempio usa il tuo abbonamento per testare una nuova serie di racconti brevi ambientati nel tuo universo letterario. Il più popolare diventerà il tuo prossimo romanzo!

Consigli, in parte già ripetuti ma bisogna ricordarseli, per integrare con successo gli abbonamenti nel tuo business:

- **Sii flessibile** Non devi decidere subito dove si inserisce l'abbonamento. Lascia che evolva naturalmente.
- **Comunica chiaramente** Assicurati che i tuoi lettori capiscano come l'abbonamento si inserisce nella tua offerta complessiva.
- **Integra, non isolare** Fai in modo che l'abbonamento si armonizzi con gli altri aspetti del tuo business, senza essere un'entità separata.
- **Sfrutta le sinergie** Usa l'abbonamento per potenziare altre aree del tuo business e viceversa.
- **Mantieni l'equilibrio** Non trascurare altre parti importanti del tuo business a favore dell'abbonamento.

L'abbonamento non deve necessariamente essere il tuo unico flusso di entrate. Può essere un complemento prezioso, offrendo un modo per approfondire la connessione con i tuoi lettori più fedeli.

Magari alla fine scopri che, col tempo, non solo le entrate dell'abbonamento sono cresciute, ma anche le vendite dei tuoi libri tradizionali sono aumentate. Questo perché gli abbonati più fedeli diventano ambasciatori del brand, consigliando i libri ad amici e familiari. L'abbonamento può quindi diventare il motore che alimenta tutto il tuo impero letterario!

. . .

Ora sei pronto a far decollare il tuo abbonamento. Ma prima, mi sa che ci sono dei capitoli bonus per te... gira pagina!

CONSIDERAZIONI AVANZATE

CAPITOLO 1
ACCESSO ANTICIPATO A TEMPO LIMITATO

Ricordi quel fastidioso problema dell'accesso anticipato, quando i lettori si iscrivono a metà della storia e ottengono tutto il contenuto a un prezzo ridotto? Beh, ho trovato una soluzione geniale: l'Iscrizione ai Livelli a Tempo Limitato!

Ecco come funziona:

1. **Periodo di Iscrizione Limitato** Scegli un periodo specifico durante il quale i lettori possono iscriversi al tuo tier di accesso anticipato. Per esempio, dall'1 al 15 ottobre.
2. **Lancio e Annuncio** Lancia i tuoi tier e annuncia questa opportunità limitata ai tuoi lettori attraverso newsletter e social media.
3. **Pubblicazione dei Capitoli** Pubblica i primi capitoli durante questo periodo di iscrizione.
4. **Archiviazione del Tier** Alla fine del periodo, archivia il tier in modo che nessun nuovo membro possa unirsi.
5. **Nuovo Periodo di Iscrizione** Quando sei pronto per offrire accesso anticipato a una nuova storia, riapri le iscrizioni.

I vantaggi di questo approccio sono molteplici:

- **Aumenta la fidelizzazione** I lettori sanno che se lasciano il tier, non potranno rientrare fino alla prossima finestra di iscrizione.
- **Aumenta le conversioni** La pressione del tempo spinge più lettori a iscriversi rapidamente.
- **Semplifica il marketing** Puoi concentrare i tuoi sforzi di marketing in periodi specifici.

Per autori che desiderano aumentare le iscrizioni al proprio abbonamento, consiglio di offrire un'anteprima esclusiva dei primi capitoli del nuovo libro durante un periodo di prova limitato. Accompagnata da una campagna di marketing sui social media e un codice sconto speciale per i primi 50 iscritti, questa strategia ha dimostrato di essere particolarmente efficace nel generare interesse e fidelizzare i lettori.

Consigli per implementare questa strategia con successo:

- **Comunica chiaramente** Assicurati che i tuoi lettori capiscano come funziona questo sistema e perché è vantaggioso per loro.
- **Crea un senso di urgenza** Usa il countdown e ricorda ai tuoi lettori quanto manca alla chiusura delle iscrizioni.
- **Offri incentivi extra** Considera di offrire bonus speciali per chi si iscrive durante questo periodo limitato.
- **Sii flessibile** Se vedi che la strategia funziona bene, potresti estendere leggermente il periodo di iscrizione. Se non funziona come sperato, puoi sempre tornare al modello tradizionale.
- **Raccogli feedback** Chiedi ai tuoi lettori cosa pensano di questo nuovo approccio.

Questa strategia funziona particolarmente bene per gli autori che pubblicano principalmente su store come Amazon o in Kindle Unlimited. Se utilizzi principalmente piattaforme di fiction seriale, potresti voler mantenere un approccio più aperto.

CAPITOLO 2
PROMOZIONI E SCONTI PER IL TUO ABBONAMENTO

In questo capitoletto parliamo di codici promozionali, ovvero quei magici codici sconto che possono trasformare un lettore indeciso in un abbonato entusiasta. Ecco come usarli al meglio:

Promozioni a Tempo Limitato

Crea un senso di urgenza offrendo sconti per un periodo limitato. Esempio: per il lancio del nuovo libro offri uno sconto del 50% per i primi tre mesi a chi si iscrive entro una settimana. Il risultato? Un boom di iscrizioni!

Omaggi per i Follower

Premia chi ti segue con omaggi esclusivi. Ad esempio regala un abbonamento annuale a un fortunato follower.

Periodi di Prova Gratuiti

Offri un mese gratuito per far assaggiare il tuo abbonamento.

Regali per Beta Reader e Sostenitori

Ricompensa chi ti supporta con accessi speciali. Ad esempio offri 6 mesi gratuiti ai tuoi beta reader e ai sostenitori della tua campagna Kickstarter per l'ultimo libro.

Migrazione dei Lettori

Se stai cambiando piattaforma, usa i codici per facilitare la transizione. Magari offri un mese gratuito a tutti i gli abbonati esistenti per incoraggiarli a seguirti.

Consigli per usare i codici promozionali con successo:

- **Crea un senso di esclusività** Fai sentire i tuoi lettori speciali con codici "solo per loro".
- **Comunica chiaramente** Spiega bene come funzionano i codici e quando scadono.
- **Sii creativo con i nomi dei codici** Usa nomi divertenti o legati alle tue storie per i codici.
- **Monitora i risultati** Tieni traccia di quali promozioni funzionano meglio.
- **Non esagerare** Troppe promozioni potrebbero svalutare il tuo abbonamento.

I codici promozionali sono strumenti potenti, ma devono essere usati con saggezza. L'obiettivo non è solo attirare nuovi abbonati, ma creare un'esperienza che li faccia sentire parte di qualcosa di speciale.

CAPITOLO 3
READER DRIVES

Ora parliamo dei "Reader Drives," un modo intelligente per concentrare i tuoi sforzi di marketing in periodi specifici, evitando il burnout e creando entusiasmo tra i tuoi lettori.

Cos'è un Reader Drive?

È un periodo di tempo limitato, tipicamente da 7 a 10 giorni, durante il quale ti concentri intensamente sulla crescita del tuo abbonamento.

Ecco come implementare con successo i Reader Drives:

1. **Pianifica 1-3 Reader Drives all'anno** Invece di fare marketing costantemente, concentra i tuoi sforzi in questi periodi specifici. Ad esempio uno in primavera per il lancio del nuovo libro, uno in autunno per l'anniversario del tuo abbonamento, e uno in inverno per le festività.
2. **Scegli momenti strategici** Lancia un Reader Drive quando hai qualcosa di eccitante da offrire, come una nuova storia o un nuovo benefit. Se il tuo Reader Drive coincide con il lancio del tuo nuovo libro puoi offrire l'accesso anticipato esclusivo agli abbonati.
3. **Crea un senso di urgenza** Stabilisci una scadenza per il tuo Drive e offri incentivi speciali per chi si iscrive entro quella

data. Magari offri uno sconto del 40% per i primi 100 iscritti, usando un codice promozionale.

4. **Concentrati sui Follower tra un Drive e l'altro** Nei periodi tra i Drive, focalizzati sulla creazione di contenuti e sull'aumento dei Follower. Tra un Drive e l'altro, concentrati sulla pubblicazione di contenuti gratuiti e sull'interazione con la tua community, aumentando i follower.

Consigli extra per Reader Drives di successo:

- **Crea un tema per ogni Drive** Rendi ogni Drive unico e memorabile con un tema specifico.
- **Utilizza il countdown** Crea anticipazione annunciando il Drive in anticipo e facendo un conto alla rovescia.
- **Offri bonus esclusivi** Crea incentivi speciali disponibili solo durante il Drive.
- **Coinvolgi la tua community** Fai partecipare i tuoi abbonati attuali, magari offrendo ricompense per chi porta nuovi iscritti.
- **Fai un recap dopo ogni Drive** Analizza cosa ha funzionato e cosa no per migliorare il prossimo.

Vediamo un esempio insieme. Per un Winter Reader Drive, potresti creare un tema come "Segreti Nascosti nella Notte Gelida di Kyoto." Offri un capitolo bonus ambientato durante una notte particolarmente fredda, con i personaggi immersi in un mistero sotto una rara nevicata. Per rendere l'evento ancora più speciale, potresti riservare ai primi 50 iscritti una degustazione virtuale di tè giapponesi invernali, perfetti per entrare nell'atmosfera della storia. Annuncia il Drive con due settimane di anticipo, seminando indizi sui social media e rivelando alcuni dettagli intriganti della scena bonus. Questo tipo di iniziativa può portare a superare di gran lunga l'obiettivo di nuovi iscritti e creare un incredibile entusiasmo nella community!

L'obiettivo dei Reader Drives non è solo aumentare i numeri, ma creare momenti di connessione ed entusiasmo con i tuoi lettori. Stai trasformando il marketing da un compito noioso a un evento emozionante per la tua community.

CAPITOLO 4
CONSIGLI PER CREARE MESSAGGI DI BENVENUTO

Preparati a creare messaggi di benvenuto che faranno sentire i tuoi nuovi abbonati come se fossero appena entrati in un club esclusivo! I primi 30 giorni sono cruciali per fidelizzare un nuovo abbonato, e tutto inizia con il messaggio di benvenuto.

Ecco 5 consigli d'oro per creare messaggi di benvenuto irresistibili:

1. **Rivolgiti ai Lettori Personalmente** Usa nomi che facciano sentire i tuoi lettori speciali e parte di un gruppo esclusivo. Una strategia efficace per aumentare il coinvolgimento degli abbonati consiste nel personalizzare il messaggio di benvenuto in base al livello di abbonamento scelto. Ad esempio, per gli utenti del piano più alto, si potrebbe utilizzare un tono più esclusivo e promettere un'esperienza immersiva: 'Benvenuto nella cerchia dei nostri investigatori più appassionati! Preparati a svelare i misteri più profondi di Tokyo.' Questa personalizzazione crea un senso di appartenenza e incentiva gli utenti a approfondire il loro coinvolgimento.

2. **Spiega i Benefici del Livello** Ricorda ai tuoi nuovi abbonati cosa possono aspettarsi dal loro abbonamento. Esempio: «Per i nostri membri più appassionati, offriamo

un'esperienza esclusiva. Oltre ad accedere in anteprima a tutti i nuovi contenuti, avranno l'opportunità di partecipare a eventi speciali e riceveranno regolarmente box personalizzate con prodotti a tema.» Questo approccio non solo aumenta il valore percepito dell'abbonamento, ma crea anche un senso di comunità e fidelizzazione.

3. **Dai Loro le Ricompense Immediate** Fornisci link diretti alle storie o ai capitoli a cui hanno appena ottenuto accesso. Nel messaggio di benvenuto, includi: "Clicca qui per iniziare subito a leggere i primi tre capitoli esclusivi del mio nuovo giallo 'Misteri a Venezia'!"

4. **Incoraggia la Conversazione** Chiedi ai tuoi lettori cosa li entusiasma di più dell'abbonamento. Chiedi ad esempio: "Qual è il mistero di Venezia che non vedi l'ora di esplorare insieme? Rispondi a questa email e fammelo sapere!"

5. **Fornisci Guide Utili** Aiuta i tuoi nuovi abbonati a navigare facilmente nel tuo abbonamento. Includi ad esempio un link a una guida rapida su come utilizzare al meglio il tuo abbonamento, con istruzioni su come scaricare l'app Ream e partecipare alle discussioni nella community.

Consigli extra per messaggi di benvenuto straordinari:
Usa un tono coerente con il tuo brand

Se scrivi thriller, il tuo messaggio può essere misterioso. Se scrivi romance, può essere più dolce e romantico.

Aggiungi un tocco personale

Considera di includere una breve nota personale o un aneddoto per creare una connessione immediata.

Sii conciso ma completo

Il messaggio dovrebbe essere esaustivo ma non troppo lungo. Nessuno vuole leggere un romanzo come benvenuto!

Includi una call-to-action chiara

Incoraggia i tuoi nuovi abbonati a compiere un'azione immediata, come leggere il primo capitolo o presentarsi nella community.

Testa e ottimizza

Monitora le risposte e l'engagement dei tuoi messaggi di benvenuto e modificali se necessario.

Per creare un'esperienza di onboarding indimenticabile, considera di personalizzare il messaggio di benvenuto e di includere elementi interattivi. Potresti, ad esempio, inviare un'email con un audio messaggio, un quiz, un piccolo mistero da risolvere o un sondaggio. Questa strategia ti permetterà di creare un legame più profondo con i tuoi utenti e di aumentare la loro soddisfazione.

Il tuo messaggio di benvenuto è la prima impressione che i tuoi nuovi abbonati avranno della tua esperienza VIP. Fallo contare!

CAPITOLO 5
MAGNETI PER LETTORI A TEMPO LIMITATO

Vediamo ora come creare un senso di urgenza che farà schizzare le tue storie in cima alla lista "da leggere" dei tuoi potenziali fan. Benvenuto nel mondo dei Magneti per Lettori a Tempo Limitato!

Cos'è un Magnete per Lettori a Tempo Limitato?

È un contenuto gratuito (libro, capitoli, scene bonus) al quale i lettori possono accedere solo per un periodo limitato. Dopo questo periodo, il contenuto diventa inaccessibile o passa a un livello a pagamento.

Ecco come implementare questa strategia con successo:

1. **Scegli il contenuto giusto** Offri qualcosa di veramente allettante e breve, da leggere velocemente. Puoi scrivere ad esempio un racconto breve che sia il prequel della tua serie. Abbastanza corto da essere letto in una serata, ma intrigante al punto da far venire voglia di leggere il resto della serie.
2. **Stabilisci un periodo di tempo limitato** Può essere un weekend, una settimana o un mese, ma l'importante è creare un senso di urgenza.
3. **Usa una piattaforma di abbonamento** Pubblica il contenuto per i tuoi follower su una piattaforma come Ream, che ti

permetterà anche di raccogliere le email dei lettori interessati. In alternativa usa Patreon.

4. **Promuovi in modo strategico** Invia un link diretto alla storia, sottolineando la natura temporanea dell'offerta. Invia una newsletter con ad esempio il titolo "Solo 72 ore per scoprire il segreto Fantasya!" e ho promuovi l'offerta sui social media con un conto alla rovescia.
5. **Follow up** Dopo il periodo limitato, sposta il contenuto a un livello a pagamento o usalo come incentivo per l'abbonamento. Molti lettori si iscriveranno proprio per non perdersi il finale della tua storia!

Consigli extra per Magneti per Lettori a Tempo Limitato di successo:

- **Crea anticipazione** Annuncia l'arrivo del contenuto esclusivo qualche giorno prima per creare hype.
- **Offri un bonus a sorpresa** Includi un extra inaspettato per chi legge entro il tempo limite.
- **Organizza un evento live** Considera di fare una lettura live o una sessione di Q&A durante il periodo di disponibilità.
- **Usa il countdown** Invia reminder man mano che si avvicina la scadenza.
- **Raccogli feedback** Chiedi ai lettori cosa ne pensano del contenuto. Questo ti darà idee per future offerte.

Vediamo un esempio pratico. Per il lancio del tuo ultimo giallo potresti creare un magnete per lettori a tempo limitato; un dossier fittizio che contiente indizi cruciali per il mistero principale del libro. Rendilo disponibile solo per 24 ore, creando un vero e proprio evento. Poi organizza una diretta streaming dove discuti gli indizi con i lettori in tempo reale. Aumenterai l'engagement e, di conseguenza, i super fan!

L'obiettivo non è solo ottenere più follower, ma creare

un'esperienza coinvolgente che faccia venire voglia ai lettori di leggere immediatamente la tua storia.

CAPITOLO 6
DOMANDE FREQUENTI

So che hai ancora un milione di domande che ti frullano in testa. È normale! Lanciare un abbonamento può essere emozionante e, allo stesso tempo, un po' spaventoso. Quindi, mettiti comodo e rispondiamo alle domande più frequenti!

Consigli per autori alle prime armi?

Inizia presto e concentrati sul lungo termine. Usa le CTA alla fine dei capitoli sulle piattaforme di fiction seriale per promuovere il tuo abbonamento. La crescita sarà probabilmente lenta, ma costante.

Consigli per autori con un grande seguito?

Concentrati sul pre-lancio e sul beta-lancio. Perfeziona le tue ricompense e il messaging. Dedica tempo alla definizione del prezzo (vedi Capitolo 10).

Quanto tempo richiede gestire un abbonamento?

In genere, da un'ora a qualche ora a settimana. Molto dipende dal modello di business che scegli.

Come so se il mio abbonamento ha successo?

Non ci sono metriche rigide. Un abbonamento redditizio è un buon segno, ma considera anche i benefici indiretti, come il feedback precoce e le relazioni più profonde con i fan.

Posso cambiare piattaforma di abbonamento?

Sì, è possibile. Alcune piattaforme, come Ream (che però è in inglese), offrono assistenza gratuita per la migrazione.

Quali generi funzionano meglio negli abbonamenti?

Il romance è il più grande, seguito da LitRPG e webnovel. Anche la fantascienza, il fantasy, il thriller e il mistero sono in crescita.

Qual è il modo migliore per promuovere il mio abbonamento?

Sviluppa la fiducia con i tuoi lettori. Interagisci con loro via email, DM (messaggi privati) e nelle community online.

Cosa posso offrire oltre all'accesso anticipato?

Contenuti bonus, merchandise fisico, servizi per i fan e altro ancora. Vedi Capitolo 9 per idee dettagliate.

Come so se il mio prezzo è troppo alto o troppo basso?

La maggior parte degli autori tende a fissare prezzi troppo bassi. Calcola i costi reali e chiedi feedback ad altri autori.

Quanti livelli dovrei avere?

Inizia con 1-3 livelli e cresci nel tempo. 5-7 sembra essere il numero ideale per autori più affermati.

Cosa devo mettere nella pagina informativa?

Sii autentico. Puoi includere un video, una breve biografia o la tua storia completa. L'importante è che risuoni con il tuo pubblico.

Come vengono elaborati i pagamenti?

Principalmente tramite Stripe e PayPal. C'è sempre una commissione standard, quindi evita livelli a 1€.

E se il mio abbonamento fallisce?

Puoi sempre chiuderlo. Ricorda, un fallimento non significa che sei un cattivo scrittore. È un'opportunità di apprendimento.

Come gestisco più pseudonimi?

Di solito si creano account separati. Ream sta lavorando per semplificare questo processo.

Come posso dividere i pagamenti tra collaboratori?

Al momento, nessuna piattaforma lo fa facilmente. Ream sta lavorando su questa funzionalità.

Immaginiamo che hai lanciato il mio primo abbonamento "Tokyo Noir", e ti senti terrorizzato. Pensi di non avere abbastanza da offrire.

Ma iniziando con un semplice livello di accesso anticipato e alcune note dell'autore esclusive, magari poi scopri che i lettori adorano il "dietro le quinte" del tuo processo creativo tanto quanto le storie stesse! Col tempo, aggiungerai più livelli e benefici, ma è stata quella prima mossa coraggiosa a dare il via a tutto.

Non c'è una formula magica per il successo. Ogni autore e ogni pubblico è unico. L'importante è iniziare, sperimentare e adattarsi in base al feedback dei tuoi lettori.

CAPITOLO 7
CAPITOLO: PRINCIPI DELL'ABBONAMENTO

So che abbiamo coperto molto terreno in questa guida. Ma non temere! Ho distillato l'essenza di tutto ciò che abbiamo discusso in alcuni principi fondamentali. Considerali come i comandamenti del tuo viaggio nel mondo degli abbonamenti. Pronto? Ecco i **Principi dell'Abbonamento**:

1. **Prometti poco, dai tanto** Sorprendi sempre i tuoi lettori in positivo.
2. **I lettori prima di tutto** Ogni decisione dovrebbe essere presa pensando ai tuoi lettori.
3. **Prezza per il profitto** Non sottovalutarti. Un prezzo giusto è essenziale per la sostenibilità.
4. **L'abbonamento è il parco divertimenti dei tuoi lettori** Crea un'esperienza coinvolgente e variegata.
5. **La coerenza è la chiave** Mantieni le promesse e sii regolare nelle pubblicazioni.
6. **La fiducia è la valuta degli abbonamenti** Costruisci e mantieni la fiducia dei tuoi lettori.
7. **Meno è meglio, soprattutto all'inizio** Non sovraccaricarti. Parti con poche offerte ma di qualità.

8. **L'iterazione è più importante della perfezione** Migliora costantemente basandoti sul feedback.
9. **Rifletti prima, ma agisci con diligenza** Pianifica, ma non paralizzarti nell'analisi.
10. **Comunica presto e spesso con i tuoi fan** Mantieni un dialogo aperto e costante.
11. **I tuoi veri fan vogliono supportarti** Non aver paura di chiedere sostegno.
12. **La tua community di lettori è un asset** Coltiva e valorizza la tua community.
13. **Il marketing degli abbonamenti si basa sulle relazioni** Costruisci connessioni autentiche.
14. **Pensa a lungo termine, non seguire le mode** Concentrati sulla sostenibilità, non sui trucchi a breve termine.
15. **Coltiva i tuoi punti di forza e i tuoi super fan** Identifica e potenzia ciò che ti rende unico.

Volendo applicare tali principi al tuo abbonamento, potresti quindi:

- Promettere un capitolo a settimana, ma sorprendere i tuoi lettori pubblicandone spesso due, includendo note extra dell'autore.
- Creare sondaggi per comprendere meglio le preferenze dei lettori e adattare i contenuti di conseguenza.
- Stabilire un prezzo che ti permetta di investire in contenuti di alta qualità, garantendo sostenibilità.
- Offrire esperienze uniche per ciascun livello di abbonamento, come guide virtuali ai luoghi del libro o sfide interattive legate alla trama.
- Mantenere un calendario di pubblicazione rigoroso per stabilire fiducia e aspettative costanti.
- Comunicare apertamente, anche in caso di ritardi, per mantenere trasparenza e affidabilità.
- Iniziare con due livelli di abbonamento, ampliando le opzioni gradualmente in base all'interesse dei lettori.

- Chiedere costantemente feedback e modificare l'offerta in base alle risposte, migliorando l'esperienza degli abbonati.
- Pianificare a lungo termine, mantenendo però la flessibilità per adattarti alle esigenze emergenti.
- Inviare aggiornamenti settimanali per tenere viva la connessione, anche solo con un saluto amichevole.
- Creare un livello "Mecenate" per chi desidera offrire un supporto maggiore, riconoscendo così il loro contributo.
- Organizzare eventi mensili all'interno della community per rafforzare i legami e l'interazione tra i membri.
- Rispondere personalmente a ogni messaggio dei lettori, dimostrando attenzione e apprezzamento per il loro supporto.
- Resistere alla tentazione di inseguire ogni nuova moda del settore, restando fedele alla tua visione e ai tuoi valori.
- Potenziare le tue competenze uniche, ad esempio offrendo contenuti esclusivi che rispecchiano la tua esperienza o conoscenza specifica del tema che tratti.

Adottando questi approcci, puoi applicare i principi in modo che il tuo abbonamento diventi un'esperienza coinvolgente e gratificante per i tuoi lettori.

Questi principi non sono regole rigide, ma linee guida. Adattali al tuo stile e al tuo pubblico.

Nella parte restante di questo libro vedremo più in dettaglio le piattaforme più popolari in Italia per vendere e gestire abbonamenti.

PARTE DUE
PATREON

CAPITOLO 18
INTRODUZIONE A PATREON

Benvenuto nel magico mondo di Patreon, il paradiso digitale che tutti gli scrittori indipendenti sperano possa far piovere qualche soldo (o almeno qualche centesimo) per ogni parola che digitano. Se sei qui, probabilmente hai già capito che guadagnarsi da vivere scrivendo non è proprio come ci raccontano i film: niente soffitte parigine piene di bohemien, niente cachet stellari per le prime righe di un romanzo, niente macchine d'epoca. Ma c'è una buona notizia: Patreon è qui per salvarti... o almeno provarci.

La Piattaforma: Evoluzione fino al 2024

Patreon è nato nel 2013 con un'idea semplice e rivoluzionaria: dare ai creatori la possibilità di farsi pagare direttamente dai loro fan. Sì, perché a un certo punto qualcuno ha capito che l'arte non si nutre solo di applausi e "mi piace" sui social. E da allora, Patreon è diventato un rifugio sicuro per chiunque produca contenuti e cerchi una community disposta a sostenerlo. I musicisti, i pittori, i podcaster, e – sì, finalmente – anche noi scrittori, possiamo finalmente provare a guadagnare dalle nostre opere senza passare per il giudizio di qualche editore scorbutico.

Ora, saltiamo al 2024. Con dieci anni di esperienza sulle spalle,

Patreon ha aggiunto funzionalità che rispondono sempre di più ai bisogni di creatori e sostenitori. Tra le ultime chicche? **Le chat di comunità**, ovvero spazi digitali dove tu e i tuoi fan potete scambiarvi parole (e forse anche emoji inopportune) senza intermediari. Non è un gruppo Facebook, né un forum, ma una chat dedicata, integrata sulla piattaforma, dove i tuoi lettori possono sentirsi parte di un club esclusivo. È un modo fantastico per costruire quel senso di appartenenza che tutti vogliono e per cui sono disposti anche a pagare.

Inoltre, **la vendita di contenuti digitali** è ora una realtà. Questo significa che puoi offrire ebook, podcast esclusivi o qualunque contenuto speciale in cambio di una somma una tantum, senza obbligare i tuoi fan a diventare abbonati fissi. In pratica, è come dire ai tuoi lettori: "Ecco qui qualcosa di veramente interessante, ma no, non devi impegnarti per sempre: paga, scarica, e arrivederci!" Una soluzione perfetta per attrarre chi non è ancora sicuro di voler sostenere a lungo termine, ma che è curioso di esplorare il tuo lavoro.

Vantaggi per gli Scrittori Indipendenti

Ora, perché tutto questo dovrebbe interessarti? Bene, la risposta breve è: **perché hai bisogno di soldi e vuoi un pubblico fedele**. La risposta lunga è che Patreon offre esattamente quello che mancava a molti scrittori indipendenti: un modo diretto e immediato per essere finanziati da chi davvero apprezza il tuo lavoro. Niente più intermediari, niente più filtri, solo tu e il tuo pubblico. Non è una prospettiva affascinante?

Con Patreon, puoi **monetizzare in vari modi**: dai contenuti a pagamento (che poi sono quelli dove versi la tua anima) fino a proposte più leggere, come il "dietro le quinte" della tua scrittura, i momenti di ispirazione e persino i tuoi insuccessi. Sì, hai capito bene, anche il lato meno "perfetto" della tua vita da scrittore può essere condiviso con chi vuole davvero conoscerti. Ciò che per te è una "giornata persa a fissare lo schermo", per i tuoi fan potrebbe essere un episodio quasi mitologico.

In più, Patreon ti permette di costruire **una community di lettori appassionati**. Non stiamo parlando di follower distratti, ma di persone che sono disposte a mettere mano al portafogli per leggere ciò che scrivi. Sono i tuoi lettori ideali, quelli che vogliono sentirsi parte del tuo mondo, quelli che vogliono scoprire cosa succede nella tua mente quando metti insieme quelle parole che solo tu sai scrivere. Patreon ti dà gli strumenti per tenerli vicini: aggiornamenti esclusivi, chat dirette, contenuti personalizzati. E sai qual è la parte migliore? Il loro supporto ti permette di avere una certa indipendenza creativa, senza dover svendere le tue idee a editori che vogliono cambiare la tua storia per "vendere di più".

Insomma, Patreon è come una porta aperta verso un universo dove tu puoi essere te stesso – nel bene e nel male – e i tuoi lettori possono sostenerti senza dover passare per piattaforme impersonali. Che ne dici, sei pronto a fare il salto?

CAPITOLO 19
CREAZIONE DEL PROFILO SU PATREON

Bene, hai deciso di tuffarti nel mondo di Patreon. Ottima scelta! Ora, vediamo come trasformare questa decisione in un profilo che non solo attiri sostenitori, ma li faccia anche restare. Perché, diciamocelo, un profilo scialbo è come un libro senza copertina: nessuno lo noterà.

Procedura di Iscrizione

1. **Visita il sito di Patreon**: Apri il tuo browser preferito e digita www.patreon.com.
2. **Registrazione**: In alto a destra, troverai il pulsante "Inizia con Patreon". Cliccaci sopra.
3. **Scelta del metodo di accesso**: Puoi registrarti utilizzando il tuo account Google, Facebook o Apple. Se preferisci, puoi inserire manualmente la tua email e creare una password.
4. **Informazioni personali**: Inserisci il tuo nome e cognome. Non preoccuparti, queste informazioni non saranno visibili pubblicamente; servono per questioni amministrative.
5. **Nome del profilo**: Scegli un nome che rappresenti te e il tuo lavoro. Può essere il tuo nome d'arte o qualcosa che i tuoi lettori già conoscono.

6. **Contenuti per adulti**: Se i tuoi contenuti includono materiale per un pubblico adulto, assicurati di segnalarlo. Meglio essere chiari fin da subito.

7. **Benvenuto su Patreon**: Dopo aver completato questi passaggi, clicca su "Inizia ora" per accedere al tuo nuovo profilo.

8. **Verifica dell'email**: Controlla la tua casella di posta elettronica e conferma l'email che hai utilizzato per la registrazione. Questo passaggio è fondamentale per attivare tutte le funzionalità del tuo account.

Personalizzazione del Profilo

Ora che hai un profilo, è il momento di renderlo unico, proprio come la tua scrittura.

Immagine del profilo:

Carica una foto che ti rappresenti. Può essere un ritratto professionale o qualcosa che rifletta il tuo stile. Ricorda, è la prima cosa che i tuoi potenziali sostenitori vedranno.

Immagine di copertina:

Scegli un'immagine che catturi l'essenza del tuo lavoro. Può essere la copertina del tuo ultimo libro, un'illustrazione o una foto che ispiri i tuoi lettori.

Sezione "Informazioni":

Qui puoi raccontare chi sei, cosa fai e perché lo fai. Sii autentico e coinvolgente. Spiega ai tuoi lettori cosa possono aspettarsi sostenendoti.

Livelli di abbonamento:

Crea diversi livelli di supporto, ognuno con benefici specifici. Ad esempio, per un contributo mensile di 5€, i sostenitori potrebbero ricevere racconti inediti; per 10€, accesso a sessioni di Q&A esclusive. Sii creativo e offri valore reale.

Colore del brand:

Patreon ti permette di scegliere un colore che rappresenti il tuo brand. Scegli una tonalità che rispecchi la tua personalità e il tuo lavoro.

Link ai social:

Collega i tuoi profili social al tuo account Patreon. In questo modo, i tuoi sostenitori possono seguirti anche su altre piattaforme e rimanere aggiornati sulle tue attività.

Post di benvenuto:

Scrivi un post di benvenuto per i tuoi nuovi sostenitori. Ringraziali per il supporto e spiega cosa possono aspettarsi nei prossimi mesi.

Video di presentazione:

Se ti senti a tuo agio, registra un breve video in cui parli di te e del tuo lavoro. È un ottimo modo per creare una connessione più personale con i tuoi sostenitori.

La chiave è essere autentico. I tuoi sostenitori vogliono conoscere la persona dietro le parole. Mostra loro chi sei, cosa ti ispira e perché ami scrivere. E, soprattutto, divertiti nel processo. Dopotutto, se non ti diverti tu, come puoi aspettarti che lo facciano i tuoi lettori?

CAPITOLO 20
STRUTTURAZIONE DEI LIVELLI DI ABBONAMENTO

Benvenuto nel cuore pulsante di Patreon: la creazione dei livelli di abbonamento. Questa è la tua occasione per trasformare lettori occasionali in sostenitori appassionati, offrendo loro esperienze uniche che solo tu puoi fornire.

Definizione dei Livelli

Immagina i livelli di abbonamento come gradini di una scala che porta i tuoi lettori sempre più vicino al tuo mondo creativo. Ogni livello dovrebbe offrire benefici crescenti, incentivando i sostenitori a salire di gradino in gradino. Ecco come strutturarli:

1. **Livello Base**: Un punto di ingresso accessibile, ideale per chi vuole sostenerti senza un grande impegno finanziario.
2. **Livello Intermedio**: Per i lettori che desiderano un coinvolgimento maggiore e sono disposti a investire di più per ottenere contenuti esclusivi.
3. **Livello Avanzato**: Dedicato ai fan più devoti, offre accesso privilegiato e benefici unici.
4. **Livello Premium**: Per i sostenitori disposti a un contributo

significativo, in cambio di un'esperienza altamente personalizzata.

Consigli Pratici:

- **Chiarezza**: Descrivi con precisione cosa offre ogni livello. I sostenitori devono sapere esattamente cosa aspettarsi.
- **Coerenza**: Assicurati che i benefici di ciascun livello siano proporzionati al contributo richiesto.
- **Flessibilità**: Sii pronto ad adattare i livelli in base al feedback dei sostenitori e all'evoluzione del tuo lavoro.

Esempi di Contenuti Esclusivi

Ora, vediamo come riempire questi livelli con contenuti che faranno brillare gli occhi ai tuoi sostenitori.

Racconti Inediti: Offri storie che non pubblicherai altrove. Questo dà ai sostenitori un senso di esclusività.

Anteprime di Libri: Condividi capitoli o estratti dei tuoi prossimi lavori. È un ottimo modo per creare attesa e coinvolgimento.

Sessioni di Q&A: Organizza incontri virtuali dove rispondi alle domande dei tuoi sostenitori. Questo favorisce una connessione più personale.

Accesso a Chat di Comunità: Utilizza le nuove funzionalità di Patreon per creare spazi di discussione esclusivi. I sostenitori possono interagire tra loro e con te in tempo reale.

Dietro le Quinte: Condividi il processo creativo, bozze, appunti o riflessioni personali. I lettori amano vedere cosa c'è dietro le quinte.

Merchandising Esclusivo: Offri gadget personalizzati, come segnalibri, poster o copie autografate dei tuoi libri.

Workshop o Webinar: Organizza sessioni formative su scrittura creativa, autopubblicazione o altri temi pertinenti.

Nota Bene: Assicurati che i benefici offerti siano sostenibili per te. Non promettere più di quanto tu possa effettivamente realizzare. La coerenza e l'affidabilità sono fondamentali per mantenere la fiducia

Devi offrire valore reale a ogni livello, creando un percorso che porti i tuoi lettori a sentirsi parte integrante del tuo viaggio creativo. Ricorda, un sostenitore soddisfatto è il tuo miglior ambasciatore.

CAPITOLO 21
GESTIONE DEI CONTENUTI PER I SOSTENITORI

E ora passiamo alla gestione dei contenuti. Qui, la tua creatività incontra la strategia, e insieme danno vita a un flusso costante di materiali che mantengono i tuoi sostenitori coinvolti e soddisfatti.

Tipologie di Contenuti

Patreon ti offre una piattaforma versatile per condividere una vasta gamma di contenuti. Ecco come puoi sfruttarla al meglio:

Testi: Condividi racconti inediti, capitoli di libri in lavorazione o articoli esclusivi. Utilizza l'editor di testo integrato per formattare i tuoi scritti e renderli piacevoli da leggere.

Audio: Carica podcast, letture dei tuoi lavori o messaggi vocali personalizzati. Patreon supporta file audio, permettendoti di offrire contenuti che i sostenitori possono ascoltare ovunque.

Video: Condividi video dietro le quinte, tutorial o sessioni di Q&A registrate. Puoi caricare direttamente i video o incorporare link da piattaforme esterne come YouTube o Vimeo.

Immagini: Mostra copertine di libri, illustrazioni o fotografie che ispirano il tuo lavoro. Le immagini possono arricchire i tuoi post e offrire ai sostenitori uno sguardo visivo nel tuo mondo creativo.

Consigli Pratici:

- **Varietà**: Alterna diversi tipi di contenuti per mantenere alta l'attenzione dei sostenitori.
- **Qualità**: Assicurati che ogni contenuto sia curato e rispecchi il tuo standard professionale.
- **Esclusività**: Offri materiali che i sostenitori non possono trovare altrove, aumentando il valore percepito del loro supporto.

Frequenza delle Pubblicazioni

La costanza è fondamentale per mantenere viva la tua community. Ecco come pianificare le tue pubblicazioni:

Calendario Editoriale: Crea un piano mensile o settimanale che delinei quando e quale tipo di contenuto pubblicare.

Bilanciamento: Alterna contenuti più impegnativi a quelli più leggeri per mantenere un ritmo sostenibile.

Feedback: Ascolta i tuoi sostenitori. Se mostrano particolare interesse per un tipo di contenuto, considera di offrirlo più frequentemente.

Flessibilità: Sii pronto ad adattare il tuo piano in base a eventi imprevisti o nuove ispirazioni.

Esempio di Calendario Settimanale:

- **Lunedì**: Post di benvenuto alla settimana con aggiornamenti sul tuo lavoro.
- **Mercoledì**: Condivisione di un capitolo inedito o di un racconto breve.
- **Venerdì**: Sessione di Q&A in diretta o pubblicazione di un video dietro le quinte.

Nota Bene: Non sovraccaricare te stesso. È meglio pubblicare meno contenuti di alta qualità che molti di scarsa qualità. La coerenza e l'affidabilità costruiscono la fiducia dei tuoi sostenitori.

. . .

Una gestione efficace dei contenuti su Patreon richiede pianificazione, varietà e ascolto attivo della tua community. Offri valore autentico e i tuoi sostenitori ti ricompenseranno con la loro fedeltà.

CAPITOLO 22
PROMOZIONE E CRESCITA DELLA COMMUNITY

Hai creato il tuo profilo Patreon, strutturato i livelli di abbonamento e pianificato i contenuti. Ora è il momento di attirare sostenitori e costruire una community solida. Questo capitolo esplora strategie di marketing efficaci e metodi per coinvolgere attivamente la tua audience.

Strategie di Marketing

Per aumentare la tua visibilità e attrarre nuovi sostenitori, è fondamentale utilizzare una combinazione di strumenti e piattaforme. Ecco alcune strategie chiave:

Social Media: Piattaforme come Facebook, Twitter, Instagram e TikTok sono essenziali per promuovere il tuo lavoro. Condividi aggiornamenti regolari, anteprime dei contenuti e interagisci con i tuoi follower. Utilizza hashtag pertinenti e partecipa a discussioni rilevanti per aumentare la tua visibilità. Ricorda, la coerenza è fondamentale: mantieni una presenza attiva e autentica.

Newsletter: Costruisci una lista di email dei tuoi lettori e invia aggiornamenti periodici. Le newsletter sono un modo diretto per comunicare con il tuo pubblico, offrendo contenuti esclusivi, notizie e promozioni. Assicurati che ogni email offra valore, evitando di essere troppo promozionale.

Collaborazioni: Unisci le forze con altri creatori o influencer nel tuo settore. Le collaborazioni possono includere guest post, interviste o progetti congiunti. Questo ti permette di raggiungere nuove audience e aggiungere valore ai tuoi contenuti. Ad esempio, potresti collaborare con un illustratore per creare copertine esclusive o con un podcaster per discutere del tuo ultimo libro.

Contenuti Teaser: Condividi anteprime o estratti dei tuoi contenuti esclusivi per stuzzicare l'interesse dei potenziali sostenitori. Ad esempio, pubblica il primo capitolo di un nuovo racconto o un breve video dietro le quinte del tuo processo creativo. Questo può incentivare i lettori a iscriversi per accedere al contenuto completo.

Call to Action (CTA): Incorpora CTA chiare nei tuoi post e comunicazioni, invitando il pubblico a visitare il tuo profilo Patreon, iscriversi alla newsletter o partecipare a eventi. Ad esempio, termina un post sul blog con: "Vuoi saperne di più? Unisciti alla nostra community su Patreon per contenuti esclusivi e aggiornamenti in anteprima."

Coinvolgimento della Community

Una volta attirato il pubblico, è cruciale mantenerlo coinvolto e costruire relazioni solide. Ecco come:

Commenti: Rispondi tempestivamente ai commenti sui tuoi post, sia su Patreon che sulle altre piattaforme. Mostra apprezzamento per il feedback e incoraggia discussioni. Questo dimostra che valorizzi l'opinione dei tuoi sostenitori e favorisce un senso di comunità.

Messaggi Diretti: Utilizza la funzione di messaggistica di Patreon per inviare ringraziamenti personalizzati ai nuovi sostenitori o per comunicare aggiornamenti importanti. La comunicazione diretta rafforza il legame e fa sentire i membri apprezzati.

Chat di Comunità: Sfrutta le chat di comunità di Patreon per creare spazi di discussione in tempo reale. Queste chat permettono ai membri di interagire tra loro e con te, creando un ambiente più intimo e coinvolgente. Ad esempio, puoi organizzare sessioni di Q&A live o discussioni tematiche.

Sondaggi e Feedback: Chiedi regolarmente ai tuoi sostenitori cosa vorrebbero vedere o leggere. I sondaggi sono un ottimo modo per coinvolgere la community e assicurarti che i tuoi contenuti rispondano ai loro interessi. Ad esempio, puoi chiedere quale argomento trattare nel prossimo racconto o quale formato preferiscono per i contenuti esclusivi.

Eventi Esclusivi: Organizza eventi online riservati ai tuoi sostenitori, come webinar, letture in diretta o workshop. Questi eventi offrono valore aggiunto e rafforzano il senso di appartenenza alla community. Ad esempio, una sessione di scrittura creativa in diretta può essere un'opportunità per interagire direttamente con i membri e condividere esperienze.

L'elemento fondamentale per una community prospera è l'autenticità e l'interazione costante. Mostra interesse genuino per i tuoi sostenitori, ascolta il loro feedback e crea un ambiente in cui si sentano valorizzati e parte integrante del tuo percorso creativo.

CAPITOLO 23
GESTIONE FINANZIARIA SU PATREON

Benvenuto nel capitolo dedicato alla gestione finanziaria su Patreon. Comprendere le commissioni, le tariffe e gli obblighi fiscali è fondamentale per massimizzare i tuoi guadagni e mantenere la conformità legale.

Commissioni e Tariffe

Patreon applica diverse commissioni che è importante conoscere:

- **Commissione della piattaforma**: Patreon trattiene una percentuale dei tuoi guadagni in base al piano scelto:
  - **Lite**: 5% dei guadagni mensili.
  - **Pro**: 8% dei guadagni mensili.
  - **Premium**: 12% dei guadagni mensili.
- Queste commissioni coprono l'uso della piattaforma e le sue funzionalità.

- **Commissioni di elaborazione dei pagamenti**: Variano in base all'importo della transazione e al metodo di pagamento utilizzato dai sostenitori. Generalmente, si applicano le seguenti tariffe:

- o **Pagamenti inferiori a $3**: 5% + $0,10 per transazione.
- o **Pagamenti superiori a $3**: 2,9% + $0,30 per transazione.
- Queste commissioni coprono i costi associati all'elaborazione dei pagamenti tramite carte di credito o PayPal.

- **Commissioni di cambio valuta**: Se i tuoi sostenitori pagano in una valuta diversa dalla tua, potrebbe essere applicata una commissione di conversione valuta. Questa commissione varia in base ai tassi di cambio correnti e alle politiche del processore di pagamento.
- **Commissioni per prelievi**: Quando trasferisci i fondi dal tuo account Patreon al tuo conto bancario o PayPal, potrebbero essere applicate commissioni aggiuntive, a seconda del metodo di prelievo scelto e della tua località.

Nota: Le commissioni possono variare in base alla tua località e alle politiche aggiornate di Patreon. È consigliabile consultare la sezione "Prezzi e commissioni" sul sito ufficiale di Patreon per informazioni aggiornate.

Pianificazione Fiscale

Gestire correttamente i guadagni e adempiere agli obblighi fiscali è essenziale per evitare sanzioni e mantenere la tua attività in regola. Ecco alcuni consigli:

- **Registrazione fiscale**: Se hai un certo volume di guadagni regolare assicurati di essere registrato presso le autorità fiscali del tuo paese come lavoratore autonomo o impresa, a seconda della tua situazione. Consulta un commercialista o un esperto legale prima di muoverti.

- **Dichiarazione dei redditi**: I guadagni ottenuti tramite Patreon sono considerati reddito imponibile e devono essere dichiarati se disponi di Partita Iva. In Italia, dovrai presentare la dichiarazione dei redditi (IRPF) includendo i guadagni da Patreon come redditi da attività economiche.

- **IVA**: Se offri beni o servizi digitali, potresti essere soggetto all'Imposta sul Valore Aggiunto (IVA). In Italia, l'aliquota standard è del 22%. È importante determinare se sei tenuto a registrarti ai fini IVA e a riscuotere l'imposta dai tuoi sostenitori.

- **Documentazione**: Mantieni una registrazione accurata di tutti i guadagni e le spese correlate alla tua attività su Patreon. Questo ti aiuterà nella preparazione della dichiarazione dei redditi e nella gestione delle tue finanze.
- **Consulenza professionale**: Le leggi fiscali possono essere complesse e variare in base alla giurisdizione. È consigliabile consultare un commercialista o un consulente fiscale esperto nella tua area per assicurarti di adempiere a tutti gli obblighi legali e ottimizzare la tua situazione fiscale.

Una gestione finanziaria attenta e conforme alle leggi fiscali non solo ti protegge da potenziali sanzioni, ma contribuisce anche alla sostenibilità a lungo termine della tua attività su Patreon.

CAPITOLO 24
INTEGRAZIONE DI PATREON CON ALTRE PIATTAFORME

Per massimizzare la tua presenza online e offrire un'esperienza coesa ai tuoi sostenitori, è fondamentale integrare Patreon con il tuo sito web, blog e altri canali di distribuzione. Questa sinergia non solo amplia la tua portata, ma facilita anche la gestione dei contenuti e l'interazione con la community.

Collegamenti Esterni

Sito Web e Blog

Integrare Patreon con il tuo sito web o blog permette ai visitatori di accedere facilmente ai tuoi contenuti esclusivi e di diventare sostenitori. Ecco come procedere:

Plugin Patreon per WordPress: Se utilizzi WordPress, il plugin ufficiale di Patreon consente di sincronizzare i contenuti tra le due piattaforme. Puoi bloccare post specifici, rendendoli accessibili solo ai sostenitori, e importare automaticamente i post di Patreon sul tuo sito.

Widget e Pulsanti: Aggiungi pulsanti "Supportami su Patreon" o widget che mostrano i tuoi obiettivi di finanziamento direttamente sul tuo sito. Questo incoraggia i visitatori a sostenerti senza dover lasciare il tuo sito.

Incorporazione di Contenuti: Utilizza i codici di incorporazione forniti da Patreon per mostrare contenuti esclusivi o anteprime direttamente sul tuo sito, offrendo un assaggio di ciò che i sostenitori possono aspettarsi.

Canali di Distribuzione

YouTube: Se produci video, collega il tuo account YouTube a Patreon. Puoi offrire contenuti esclusivi ai sostenitori, come video dietro le quinte o sessioni di Q&A. Inoltre, menziona il tuo Patreon nelle descrizioni dei video e nelle call to action.

Podcast: Per i podcaster, Patreon offre integrazioni che permettono di fornire episodi bonus o contenuti esclusivi ai sostenitori. Puoi creare feed RSS privati accessibili solo ai membri.

Social Media: Promuovi il tuo Patreon su piattaforme come Twitter, Facebook e Instagram. Condividi aggiornamenti, anteprime e storie che indirizzino i follower verso la tua pagina Patreon.

Strumenti Aggiuntivi

Per ottimizzare la gestione dei contenuti e l'interazione con la community, considera l'utilizzo dei seguenti strumenti:

Discord: Patreon offre un'integrazione con Discord, permettendoti di creare server privati per i tuoi sostenitori. Questo facilita la comunicazione in tempo reale e la creazione di una community coesa.

Discourse: Per forum di discussione più strutturati, Discourse si integra con Patreon, consentendo l'accesso esclusivo ai sostenitori e facilitando discussioni approfondite.

Mailchimp: Gestisci le tue newsletter e comunica con i sostenitori in modo efficace. L'integrazione con Patreon ti permette di sincronizzare i dati dei sostenitori e segmentare le comunicazioni.

Zapier: Automatizza processi tra Patreon e altre piattaforme. Ad esempio, puoi configurare Zapier per aggiungere automaticamente nuovi sostenitori a una lista di Mailchimp o inviare notifiche su Slack quando ricevi un nuovo sostenitore.

Google Analytics: Monitora il traffico e il comportamento dei visitatori sulla tua pagina Patreon. Questo ti aiuta a comprendere meglio il tuo pubblico e a ottimizzare le strategie di marketing.

Consigli Pratici:

- **Coerenza del Brand**: Assicurati che tutte le piattaforme riflettano la tua identità e il tuo messaggio in modo coerente.
- **Facilità di Accesso**: Rendi semplice per i tuoi sostenitori navigare tra le diverse piattaforme. Link chiari e call to action efficaci migliorano l'esperienza utente.
- **Comunicazione Chiara**: Informa i tuoi sostenitori su dove possono trovare determinati contenuti e come accedervi. Una comunicazione trasparente evita confusioni e frustrazioni.

Integrando efficacemente Patreon con altre piattaforme e utilizzando strumenti aggiuntivi, potrai offrire un'esperienza arricchita ai tuoi sostenitori, semplificare la gestione dei contenuti e costruire una community più forte e coinvolta.

CAPITOLO 25
ANALISI E OTTIMIZZAZIONE DELLE PERFORMANCE

Per garantire il successo e la crescita sostenibile della tua presenza su Patreon, è fondamentale monitorare le performance e adattare le strategie in base ai dati raccolti. Questo capitolo esplora gli strumenti analitici offerti da Patreon e come utilizzarli per ottimizzare le tue attività.

Strumenti Analitici

Patreon fornisce una serie di strumenti per monitorare la crescita e l'engagement della tua community. Ecco come sfruttarli al meglio:

Dashboard delle Entrate: Offre una panoramica delle tue entrate mensili, mostrando tendenze e variazioni. Puoi analizzare l'andamento dei guadagni e identificare periodi di crescita o declino.

Analisi dei Sostenitori: Fornisce dati dettagliati sui tuoi sostenitori, inclusi nuovi iscritti, cancellazioni e upgrade. Queste informazioni ti aiutano a comprendere meglio il comportamento della tua audience.

Engagement dei Post: Mostra metriche come visualizzazioni, like e commenti per ciascun post. Questo ti permette di valutare quali contenuti risuonano maggiormente con la tua community.

Tassi di Conversione: Analizza il numero di visitatori della tua pagina Patreon che si convertono in sostenitori. Un basso tasso di conversione potrebbe indicare la necessità di migliorare la presentazione o le offerte dei livelli.

Consigli Pratici:

- **Monitoraggio Regolare**: Dedica tempo ogni settimana per esaminare queste metriche e identificare tendenze o anomalie.
- **Segmentazione**: Se possibile, segmenta i dati per ottenere insights più specifici, ad esempio analizzando l'engagement per livello di abbonamento.
- **Benchmarking**: Confronta le tue performance con quelle di altri creatori nel tuo settore per capire dove ti posizioni e identificare aree di miglioramento.

Adattamento delle Strategie

I dati raccolti sono inutili se non vengono utilizzati per informare e adattare le tue strategie. Ecco come procedere:

- **Analisi dei Contenuti**: Identifica quali tipi di contenuti ottengono maggiore engagement e focalizzati su di essi. Ad esempio, se i video dietro le quinte ricevono più like e commenti, considera di produrne di più.
- **Feedback dei Sostenitori**: Ascolta attivamente la tua community. Utilizza sondaggi o chiedi direttamente opinioni sui contenuti e sulle offerte dei livelli. Il feedback diretto è prezioso per capire le esigenze e le aspettative dei tuoi sostenitori.
- **Test A/B**: Sperimenta con diverse tipologie di contenuti, orari di pubblicazione o offerte dei livelli per vedere cosa funziona meglio. Ad esempio, prova a pubblicare un post simile in due orari diversi e confronta l'engagement.

- **Aggiornamento dei Livelli**: Se noti che un livello ha pochi iscritti, valuta la possibilità di modificarne i benefici o il prezzo per renderlo più attraente. Assicurati che ogni livello offra un valore percepito adeguato al contributo richiesto.
- **Comunicazione Trasparente**: Informa la tua community delle modifiche e spiega le ragioni dietro di esse. La trasparenza costruisce fiducia e facilita l'accettazione dei cambiamenti.

Esempio Pratico:

Supponiamo che tu abbia notato un calo nelle nuove iscrizioni negli ultimi due mesi. Analizzando i dati, scopri che i post recenti hanno ricevuto meno engagement rispetto ai precedenti. Decidi quindi di condurre un sondaggio tra i tuoi sostenitori per capire cosa vorrebbero vedere di più. Il feedback indica un interesse maggiore per contenuti educativi. Adatti quindi la tua strategia editoriale per includere più tutorial e guide, monitorando successivamente l'engagement per valutare l'efficacia del cambiamento.

L'analisi costante e l'adattamento basato sui dati sono essenziali per mantenere e far crescere la tua presenza su Patreon. Utilizza gli strumenti analitici a tua disposizione e rimani flessibile nelle tue strategie per soddisfare al meglio la tua community.

CAPITOLO 26
CONSIDERAZIONI LEGALI ED ETICHE

Navigare nel mondo di Patreon richiede non solo creatività e strategia, ma anche una solida comprensione delle implicazioni legali ed etiche. Questo capitolo affronta due aspetti fondamentali: la gestione dei diritti d'autore e l'importanza della trasparenza con i sostenitori.

Diritti d'Autore
Gestione dei Diritti sui Contenuti Condivisi

Quando condividi contenuti su Patreon, mantieni la proprietà intellettuale delle tue opere. Tuttavia, concedi a Patreon una licenza per ospitare e distribuire i tuoi contenuti sulla piattaforma. È essenziale comprendere i termini di questa licenza per proteggere i tuoi diritti.

Protezione della Proprietà Intellettuale

Per salvaguardare le tue opere:

- **Registrazione**: Anche se il diritto d'autore nasce automaticamente con la creazione dell'opera, registrarla presso un ente competente può offrire una protezione legale più solida.

- **Monitoraggio**: Sorveglia l'uso delle tue opere online per individuare eventuali violazioni.
- **Azione Legale**: Se rilevi un uso non autorizzato, considera l'invio di una notifica di presunta violazione a Patreon o intraprendi azioni legali appropriate.

Rispetto dei Diritti di Terzi

Assicurati che i contenuti che condividi non violino i diritti d'autore altrui. Utilizza materiali originali o ottieni le necessarie autorizzazioni per l'uso di opere di terzi. Patreon richiede il rispetto delle leggi sul diritto d'autore e può rimuovere contenuti in violazione.

Trasparenza con i Sostenitori
Comunicazione Chiara e Onesta

Mantenere una comunicazione trasparente con la tua community è fondamentale per costruire fiducia e lealtà. Ecco come procedere:

- **Descrizione dei Livelli di Abbonamento**: Fornisci dettagli chiari su ciò che i sostenitori riceveranno a ciascun livello, evitando promesse vaghe o fuorvianti.
- **Aggiornamenti Regolari**: Informa i sostenitori su eventuali cambiamenti nei contenuti, nelle tempistiche o nelle offerte.
- **Gestione delle Aspettative**: Se incontri difficoltà nel rispettare le scadenze o nel fornire i benefit promessi, comunica apertamente le ragioni e le soluzioni proposte.

Etica nella Gestione della Community

- **Rispetto e Inclusività**: Crea un ambiente comunitario rispettoso e inclusivo, assicurandoti che tutti i membri si sentano valorizzati e ascoltati.
- **Feedback Costruttivo**: Incoraggia e rispondi al feedback in

modo costruttivo, dimostrando che apprezzi le opinioni dei tuoi sostenitori.

- **Privacy**: Proteggi le informazioni personali dei tuoi sostenitori, aderendo alle normative sulla protezione dei dati e rispettando la loro privacy.

In sintesi, comprendere e rispettare le considerazioni legali ed etiche è essenziale per costruire una presenza sostenibile e affidabile su Patreon. Proteggendo la tua proprietà intellettuale e mantenendo una comunicazione trasparente con la tua community, getti le basi per un successo a lungo termine.

CAPITOLO 27
CONCLUSIONI E PROSPETTIVE FUTURE

Nel panorama in continua evoluzione del crowdfunding, Patreon si è affermato come una piattaforma cruciale per gli scrittori indipendenti, offrendo strumenti per monetizzare il proprio lavoro e costruire una community di lettori fedeli.

Evoluzione di Patreon

Negli ultimi anni, Patreon ha introdotto funzionalità innovative per migliorare l'esperienza sia dei creator che dei sostenitori. Tra queste, le **chat di comunità** facilitano l'interazione diretta con i fan, mentre la possibilità di **vendere contenuti digitali** come acquisti una tantum amplia le opportunità di guadagno.

Guardando al futuro, è probabile che Patreon continui a sviluppare strumenti che favoriscano la connessione tra creator e audience, offrendo nuove modalità di coinvolgimento e monetizzazione. Per gli scrittori indipendenti, ciò rappresenta un'opportunità per esplorare modelli di business alternativi e raggiungere un pubblico più ampio.

Adattamento ai Cambiamenti

Per rimanere competitivi e sfruttare al meglio le potenzialità di Patreon, considera i seguenti suggerimenti:

- **Aggiornamento Costante**: Mantieniti informato sulle nuove funzionalità e modifiche della piattaforma. Patreon offre risorse e aggiornamenti regolari per aiutarti a rimanere al passo.

- **Formazione Continua**: Partecipa a webinar, workshop e leggi le guide ufficiali per approfondire l'uso degli strumenti offerti. Una comprensione approfondita ti permetterà di utilizzare al meglio le funzionalità disponibili.
- **Sperimentazione**: Non temere di provare nuove strategie o strumenti. Ad esempio, utilizza le chat di comunità per interagire direttamente con i tuoi sostenitori o offri contenuti esclusivi come acquisti una tantum per attirare nuovi fan.
- **Ascolto della Community**: Raccogli feedback dai tuoi sostenitori per comprendere le loro esigenze e adattare la tua offerta di conseguenza. Una community coinvolta e soddisfatta è fondamentale per il successo a lungo termine.

Patreon continua quindi a evolversi, offrendo agli scrittori indipendenti strumenti preziosi per monetizzare il proprio lavoro e costruire relazioni significative con i lettori. Adattarsi ai cambiamenti e sfruttare le nuove funzionalità sarà essenziale per prosperare in questo ambiente dinamico.

PARTE TRE
YOUTUBE ABBONAMENTI

CAPITOLO 28
PERCHÉ GLI ABBONAMENTI SU YOUTUBE?

Diciamocelo: fare lo scrittore indipendente è un'avventura. Una bella, appassionante e... dannatamente impegnativa avventura. Ti innamori delle tue storie, dei tuoi personaggi e del processo creativo, ma poi c'è quella fastidiosa realtà – le bollette. Perché sì, la vita da scrittore bohémien ha il suo fascino, ma il conto corrente in rosso no. E qui entrano in gioco gli abbonamenti su YouTube.

Un reddito ricorrente

Immagina di svegliarti sapendo che, qualsiasi cosa accada, hai una base mensile di entrate. Non parliamo di milioni (a meno che tu non sia già una superstar del web, in quel caso, complimenti), ma di un supporto che può fare la differenza. Un reddito ricorrente ti permette di respirare più a fondo e di scrivere con meno pressione. Certo, dovrai continuare a produrre contenuti, ma almeno non sarai lì a contare le monetine per pagarti il caffè.

Connessione diretta con i fan

Dai, ammettilo: sapere che qualcuno, da qualche parte, legge le tue parole e magari ci rimugina su è una sensazione fantastica. Con gli abbonamenti, questa connessione diventa ancora più forte e immediata. Non sei solo "quel tipo che scrive cose su internet" – sei una voce autorevole, una guida, e i tuoi abbonati scelgono di sostenerti perché amano il tuo lavoro. L'abbonamento diventa un "voto di fiducia" nei tuoi confronti. E, se sei furbo, puoi sfruttare questo rapporto diretto per ottenere feedback in tempo reale, scoprire cosa amano davvero e persino testare nuove idee.

Una community solida

È qui che si gioca la vera partita. Se hai mai pensato "mi piacerebbe costruire qualcosa di mio, un piccolo angolo di mondo popolato da lettori che apprezzano il mio stile e i miei personaggi", l'abbonamento su YouTube è uno degli strumenti migliori per farlo. Una community non è solo un pubblico; è una tribù che cresce con te, che si affeziona ai tuoi progetti e che, nei migliori casi, ti sostiene e ti promuove anche fuori da YouTube. Una volta che hai creato questo "ecosistema", ogni storia che pubblichi e ogni libro che lanci ha una base di lettori pronti ad accoglierlo. Praticamente, è come avere un fan club privato.

Ora, magari ti stai chiedendo: "Sì, ok, ma questa guida è davvero per me?" Se sei uno scrittore indipendente, un autore self-published, un narratore che crede nel potere delle storie o semplicemente un appassionato che pensa che la sua voce meriti di essere ascoltata, allora sì, questa guida è per te.

Se hai già qualche esperienza con YouTube o se sei solo curioso di vedere come una piattaforma video può diventare un motore per la tua attività di scrittore, continua a leggere. Qui troverai consigli pratici, spunti creativi e strategie di monetizzazione per aiutarti a trasformare il tuo canale in una vera e propria officina narrativa. Che tu sia all'inizio o che stia cercando un modo per espandere la tua presenza online, questa guida è stata pensata per rispondere alle tue esigenze…

CAPITOLO 29

CREAZIONE DI UN ABBONAMENTO YOUTUBE

Requisiti per attivare gli abbonamenti su YouTube

Prima di entrare nel merito di come creare un sistema di abbonamenti che renda giustizia al tuo talento, parliamo di quei piccoli dettagli tecnici senza i quali YouTube non ti permetterà di fare nulla. E sì, qui si tratta di requisiti minimi da soddisfare. YouTube, ovviamente, vuole assicurarsi che tu sia un creator attivo e serio prima di darti accesso a un reddito ricorrente.

Verifica dell'account

Il primo passo per ottenere gli abbonamenti è verificare il tuo account YouTube. In pratica, devi dimostrare di essere una persona reale e non un bot deciso a dominare l'internet. Vai nelle impostazioni del tuo account, inserisci il tuo numero di telefono e verifica il codice che riceverai. Facile, vero? E soprattutto, evita brutte sorprese.

Numero minimo di iscritti

YouTube chiede che tu abbia almeno 1.000 iscritti al tuo canale. Se ci sei già arrivato, bravo: significa che il tuo pubblico è già abbastanza vasto da giustificare un sistema di abbonamenti. Se sei ancora lontano da quel numero, prendi questa come una sfida motivante: magari è il momento di investire in contenuti originali o di collaborare con altri creator per crescere.

Altri criteri tecnici

Oltre agli iscritti, YouTube richiede anche un certo numero di ore di visualizzazione (almeno 4.000 nelle ultime 12 ore) e, ovviamente, la conformità alle linee guida della community. Se rientri in questi requisiti, sei a cavallo e puoi accedere alla funzione "Abbonamenti". Ora che la burocrazia è finita, passiamo alle cose serie.

Come impostare i livelli di abbonamento

YouTube ti permette di creare fino a 6 livelli di abbonamento, ognuno con i propri vantaggi esclusivi. L'idea è di offrire opzioni che vanno dal semplice al complesso, dal basico al VIP – per intenderci, una gamma di livelli che copra sia chi è curioso di darti un piccolo sostegno, sia chi è pronto a diventare un superfan.

Numero massimo di livelli (fino a 6 livelli) Sei livelli ti sembrano tanti? Sì, è vero, ma non è obbligatorio usarli tutti. Un buon consiglio è iniziare con 2 o 3 livelli, per poi ampliare l'offerta man mano che comprendi meglio le esigenze della tua community. Troppi livelli all'inizio possono confondere, sia te sia i tuoi abbonati.

Struttura consigliata Ecco una struttura semplice e funzionale che ti aiuterà a partire senza troppi grattacapi:

- **Livello 1: Sostenitore** Nome consigliato: "Fan Affezionato" o "Lettore Fedele." In questo livello base, puoi offrire anteprime esclusive di nuovi capitoli, aggiornamenti dietro le quinte e l'accesso anticipato ai video.
- **Livello 2: Fan Devoto** Nome consigliato: "Complice del Narratore." Per un contributo maggiore, puoi offrire contenuti extra, come un Q&A mensile dove rispondi a domande di scrittura, o magari una breve analisi di un trope letterario.
- **Livello 3: Superfan o Allievo dello Scrittore** Nome consigliato: "Apprendista Narratore." Questo livello potrebbe includere workshop mensili di scrittura, esercizi guidati o video esclusivi di analisi narrativa. Qui inizi a dare un vero valore aggiunto.
- **Livello 4: Sostenitore VIP** Nome consigliato: "Narratore Esperto." Puoi offrire una sessione di feedback su un

capitolo o una sinossi degli abbonati, oppure invitarli a partecipare a una live di gruppo dove analizzi il loro lavoro.

Ricorda, il nome del livello è importante: personalizzalo per riflettere il tono del tuo canale e mantenere viva la coerenza con il tuo brand. Più il nome è originale e pertinente alla tua attività, più il pubblico sentirà di far parte di un club speciale.

Consigli per scrittori

Non basta solo avere livelli ben definiti; devi pensare anche a come organizzare i contenuti. Ecco alcuni suggerimenti per segmentare i tuoi livelli in modo da catturare diversi tipi di abbonati.

- **Primo livello: Anteprime esclusive** È il livello entry-level, perfetto per chi vuole solo dare un piccolo contributo ma è comunque curioso delle tue anteprime e dei dietro le quinte. Offri contenuti leggeri ma interessanti, come capitoli inediti o piccoli approfondimenti sul tuo processo creativo.
- **Secondo livello: Workshop e contenuti formativi** Qui puoi davvero coinvolgere i tuoi fan in modo attivo, dando un valore concreto ai loro contributi. Workshop di scrittura, Q&A dove rispondi a domande complesse, magari su come sviluppare personaggi o su tecniche di dialogo.
- **Livelli avanzati: Feedback personalizzato e interazioni dirette** Se sei a un livello dove i fan sono pronti a spendere di più, allora è il momento di mettere sul tavolo la tua expertise. Offri sessioni di feedback sui manoscritti, analisi di tropi narrativi o magari un incontro di brainstorming in live. Insomma, crea esperienze che trasformino i tuoi fan in collaboratori attivi.

Più sali di livello, più i tuoi abbonati si aspettano un'interazione diretta e un accesso speciale alla tua creatività. E, a dire il vero, è proprio questo il bello degli abbonamenti su YouTube per uno scrittore: poter creare connessioni significative con persone che condividono la tua passione.

CAPITOLO 30
TIPI DI CONTENUTI ESCLUSIVI PER GLI ABBONATI

Offrire contenuti esclusivi non è solo un modo per ringraziare chi ha deciso di supportarti, ma anche un'opportunità unica per mostrare il tuo processo creativo e coinvolgere il tuo pubblico in modo più intimo e approfondito. Vediamo insieme le principali categorie di contenuti esclusivi che puoi offrire ai tuoi abbonati, con qualche spunto per renderle ancora più interessanti.

Contenuti video esclusivi

Il formato video è il cuore di YouTube, quindi giocare bene le tue carte qui può fare una grande differenza. I video esclusivi ti permettono di offrire qualcosa che va oltre il "solito contenuto" del canale, creando un valore aggiunto tangibile per i tuoi abbonati.

Tutorial di scrittura

Qui puoi sfoderare tutto il tuo sapere sui tropi narrativi, le tecniche narrative e le sfumature della scrittura. Immagina un video dedicato a "Come creare un villain credibile" o una serie di brevi tutorial su "I dialoghi realistici." Questa categoria può includere esercizi pratici per i tuoi abbonati, rendendo il contenuto formativo e interattivo. Non c'è bisogno di essere accademici – anzi, un tono colloquiale e qualche aneddoto personale renderanno il tutorial molto più coinvolgente.

Live Q&A mensili o bimestrali

Le live sono perfette per un'interazione diretta. Ogni mese o ogni due mesi, organizza una sessione di domande e risposte dove i tuoi abbonati possono chiederti tutto ciò che vogliono sapere sulla scrittura, sullo sviluppo della trama, o persino sui personaggi dei tuoi libri. Le domande in diretta aggiungono un senso di urgenza e di esclusività, e rispondere in tempo reale ti consente di entrare in un dialogo sincero con i tuoi follower.

Anteprime e contenuti dietro le quinte

Una delle principali ragioni per cui i lettori scelgono di abbonarsi a uno scrittore su YouTube è poter accedere a contenuti che nessun altro vede. Un vero dietro le quinte non è semplicemente interessante: è un ponte verso il tuo mondo.

Capitoli inediti

Condividere capitoli che non pubblicherai ufficialmente è come invitare il lettore a sbirciare tra le tue bozze. Pensa a racconti brevi, scene tagliate o primi capitoli di nuovi progetti. E perché no? Potresti anche coinvolgerli in qualche sondaggio per sapere quali versioni preferiscono!

Bozzetti delle copertine

Far vedere le bozze o le idee iniziali per una copertina è un modo per far capire ai tuoi abbonati quanto lavoro c'è dietro la creazione di un libro. Commenta ogni versione e spiega perché hai scelto una certa estetica, magari chiedendo pareri e impressioni.

Processi di editing

Il dietro le quinte dell'editing può essere affascinante, soprattutto per chi è curioso di sapere come si arriva dalla prima bozza alla versione finale. Mostrare come correggi una scena o come lavori sul ritmo narrativo può essere un momento di grande valore, oltre che un'ottima lezione di scrittura per i tuoi fan.

PDF scaricabili e risorse speciali

Non sottovalutare la potenza dei contenuti "fisici" scaricabili. Un PDF ben fatto è un valore tangibile che i tuoi abbonati possono salvare, stampare e consultare ogni volta che vogliono. E no, non devi diventare un designer professionista per farlo – oggi ci sono molti strumenti online facili da usare.

Guide alla scrittura

Una guida pratica su un tema specifico (ad esempio "Come costruire un personaggio complesso" o "Come creare un cliffhanger perfetto") può diventare una risorsa preziosa per chi ti segue. Impagina il tutto in un PDF di facile lettura e rendilo scaricabile per i tuoi abbonati.

Sinossi e schemi dei personaggi

Offri ai tuoi fan uno sguardo dietro le quinte dei tuoi libri condividendo la sinossi dei progetti in corso e magari alcuni schemi dei personaggi. Soprattutto i lettori che amano il tuo stile saranno entusiasti di scoprire questi dettagli nascosti e apprezzeranno la possibilità di "entrare nella tua testa" come creatore.

Live streaming privati e feedback sui manoscritti

Questa è la vera esclusività: un contenuto dove sei presente in tempo reale e dove chi ti segue può ricevere feedback diretto. È uno dei modi più potenti per creare una connessione autentica.

Live streaming privati

Una live privata, solo per abbonati, è come invitare i tuoi fan a un salotto virtuale. In queste sessioni, puoi affrontare temi specifici o semplicemente rispondere a domande spontanee. Puoi persino trasformare queste live in workshop interattivi o mini-lezioni di scrittura. Qui l'importante è che i tuoi fan sentano di far parte di un piccolo gruppo selezionato.

Feedback sui manoscritti

Se vuoi dare un vero valore ai tuoi abbonati più fedeli, offrire feedback su estratti dei loro manoscritti può essere una mossa vincente. È un servizio altamente richiesto che può differenziare il tuo abbonamento da qualsiasi altro contenuto. Fai attenzione a limitare il numero di pagine per mantenere il feedback praticabile e utile.

Badge, emoji e altri benefit visivi

Sono piccoli dettagli, ma fanno una grande differenza. YouTube ti permette di creare badge e emoji personalizzati, un tocco di divertimento che rafforza la tua community e rende i tuoi abbonati riconoscibili.

Badge personalizzati per i fan

Ogni abbonato avrà un badge accanto al suo nome quando

commenta i tuoi video o partecipa alle live chat. Immagina badge che rappresentano simboli dei tuoi libri o icone legate ai tuoi personaggi. Non devono essere opere d'arte complesse, ma anche un'icona stilizzata può fare colpo. I tuoi fan ne saranno fieri e sentiranno di fare parte di un gruppo esclusivo.

Emoji personalizzati

Se ti diverti a inserire battute o riferimenti ricorrenti nei tuoi contenuti, crea emoji che rappresentano queste idee. È un modo giocoso di rinforzare il legame tra te e i tuoi fan. E poi, diciamolo, chi non vorrebbe un'emoji con il viso del loro scrittore preferito?

Con questi strumenti e tipi di contenuti esclusivi, i tuoi abbonamenti su YouTube diventeranno più di una semplice fonte di reddito: saranno un'esperienza coinvolgente per i tuoi fan e una solida base su cui costruire la tua community. Non devi fare tutto subito, ma sperimentare e osservare cosa funziona meglio è parte del viaggio.

CAPITOLO 31
STRATEGIE PER COINVOLGERE E MANTENERE GLI ABBONATI

Ora che hai creato il tuo sistema di abbonamenti e hai deciso quali contenuti offrire, resta una sfida cruciale: mantenere gli abbonati interessati e coinvolti nel lungo termine. Questo è il cuore della tua strategia: puoi avere la migliore offerta del mondo, ma senza una connessione continua, gli abbonati possono perdere interesse. Ecco come creare un'esperienza coinvolgente e fidelizzare il tuo pubblico in modo naturale e duraturo.

Creare un'esperienza coinvolgente

Un contenuto ben fatto può attirare l'interesse, ma solo la costanza e la qualità nel tempo manterranno i tuoi abbonati attivi e soddisfatti. Vediamo come farlo al meglio.

Costanza nei caricamenti

Un abbonamento richiede continuità. Non si tratta solo di essere presenti, ma di esserlo con una certa regolarità. Programma i tuoi contenuti esclusivi con una cadenza precisa e cerca di rispettarla. Se pubblichi un video alla settimana o fai una live mensile, i tuoi abbonati sapranno quando aspettarsi nuovi contenuti, e questo rafforzerà il loro senso di appartenenza alla community.

Valore del contenuto

Non basta pubblicare regolarmente; il contenuto deve essere sempre di qualità. Questo non significa che ogni video o PDF debba essere perfetto, ma deve offrire qualcosa di unico e rilevante per i tuoi abbonati. Chiediti sempre: "Sto offrendo un vero valore aggiunto?" Più i tuoi contenuti esclusivi sono utili e interessanti, più i tuoi abbonati percepiranno di aver fatto un investimento sensato.

Interazione frequente

Un canale di abbonamento su YouTube non è una comunicazione a senso unico. Interagisci nei commenti, rispondi alle domande, saluta i tuoi abbonati nelle live – anche solo menzionare i loro nomi può fare una grande differenza. Ricorda che le persone non si abbonano solo per il contenuto, ma anche per la possibilità di avere un rapporto diretto con te.

Gestione delle aspettative

Un abbonamento ben gestito è un abbonamento in cui la comunicazione è chiara e costante. Questo è fondamentale per non deludere le aspettative e mantenere alto l'interesse.

Annunciare tempistiche e aggiornamenti

La trasparenza è la chiave. Se hai intenzione di pubblicare un nuovo workshop o un contenuto speciale, annuncia le tempistiche. Non solo crea attesa, ma rassicura anche gli abbonati su quando e cosa aspettarsi. Se qualcosa cambia (perché sì, succede a tutti), comunica i motivi e le nuove date. Sii diretto: una breve spiegazione rende il tuo pubblico più paziente e comprensivo.

Mantenere una comunicazione chiara

Ogni tanto capita di fare promesse troppo ambiziose. Se ti rendi conto che un certo contenuto richiederà più tempo del previsto, informane gli abbonati e, se possibile, offri un piccolo "bonus" nel frattempo (ad esempio, un video extra o un breve aggiornamento sullo stato dei lavori). La trasparenza crea fiducia, e un abbonato che si fida è un abbonato che resta.

Promozione dei livelli

Promuovere i livelli di abbonamento può sembrare scontato, ma attenzione: il confine tra informazione e ripetitività è sottile. Ecco come fare in modo che gli abbonati conoscano tutti i vantaggi senza sentirsi sommersi di informazioni.

Far conoscere i vantaggi senza risultare ripetitivi

La promozione efficace non è dire sempre la stessa cosa, ma trovare modi nuovi per far arrivare il messaggio. Ad esempio, puoi menzionare i benefici di un certo livello in un contesto che risulti naturale, come in un video dove rispondi a una domanda e parli di uno strumento scaricabile per il "livello 2" o del prossimo workshop dedicato al "livello 3." Usa diversi formati: un breve post di aggiornamento, un riferimento nelle live o un reminder occasionale nei commenti. La chiave è inserire la promozione in modo organico e senza essere invadente.

Evidenziare esempi pratici

Mostra cosa rende speciale ogni livello attraverso esempi reali: se qualcuno ha scritto un manoscritto e tu gli hai dato un feedback come parte del "Livello Apprendista Narratore," condividi (con il suo permesso) uno spunto o una storia su quell'esperienza. Dimostrare l'efficacia dei tuoi abbonamenti con esempi concreti può essere più convincente di mille parole.

Fidelizzazione

Fidelizzare non è solo trattenere i tuoi abbonati: è creare un ambiente che li faccia sentire parte di qualcosa di speciale, un'esperienza che li invogli a tornare. Pensa a delle ricorrenze o appuntamenti che li coinvolgano emotivamente e li facciano sentire parte integrante della tua "famiglia" online.

Creazione di ricorrenze

Un giorno speciale alla settimana o al mese dedicato a un appuntamento fisso, come i "Storyteller Fridays" o "Lunedì dell'Apprendista," può diventare una tradizione per il tuo canale. Questo tipo di rituali non solo aumentano il senso di appartenenza degli abbonati, ma creano anche un'attesa positiva: i tuoi fan inizieranno a guardare il calendario in attesa di quel momento speciale.

Aggiornamenti mensili e contenuti extra

Ogni mese, dedica un breve aggiornamento sugli sviluppi del tuo lavoro, progetti futuri o anche solo pensieri personali. Non deve essere lungo o elaborato, basta che sia autentico. Questo piccolo gesto aiuta gli abbonati a sentirsi sempre informati e vicini al tuo mondo.

Bonus occasionali e sorprese

Ogni tanto, lancia un contenuto extra o una sorpresa che non avevi preannunciato. Un breve video extra, una mini-guida in PDF o una live improvvisata sono piccoli gesti che fanno sentire i tuoi abbonati speciali e apprezzati. Non sottovalutare mai il potere di una sorpresa per mantenere alto l'interesse.

Seguendo queste strategie, non solo manterrai i tuoi abbonati, ma costruirai una relazione duratura e significativa. Ricorda, non si tratta solo di offrire contenuti di valore, ma di creare un'esperienza completa che li faccia sentire parte di una comunità.

CAPITOLO 32
STRATEGIE DI PROMOZIONE DEGLI ABBONAMENTI

Ora che hai impostato i tuoi abbonamenti, con contenuti esclusivi e una community coinvolta, è il momento di farli conoscere al tuo pubblico. Promuovere gli abbonamenti richiede strategie mirate e creatività: il tuo obiettivo è convertire i follower in abbonati, coinvolgere nuovi utenti e mantenere vivo l'interesse dei fan più affezionati. Vediamo come sfruttare al meglio la tua presenza su YouTube e sui social per ampliare la base di abbonati.

Sfruttare la tua audience esistente

I tuoi attuali follower su YouTube sono il primo, naturale bacino a cui rivolgerti per promuovere gli abbonamenti. Sono persone che già apprezzano il tuo contenuto e che hanno più probabilità di voler sostenere ulteriormente il tuo lavoro.

Come convertire i follower di YouTube in abbonati

Trasformare i follower in abbonati è più semplice se sai coinvolgerli in modo strategico. Inizia creando contenuti teaser: pubblica brevi clip, anteprime e dietro le quinte di ciò che offri agli abbonati. Nei video regolari, menziona gli abbonamenti in modo spontaneo e naturale, come se stessi parlando a un amico, senza insistere troppo. Ad esempio, mentre descrivi un video, potresti aggiungere: *"Se sei curioso di vedere come lavoro al dietro le quinte di questo progetto, c'è un video esclusivo per gli abbonati!".*

Rendi gli abbonamenti visibili sul tuo canale. Usa la sezione *About* per spiegare in breve cosa offre ogni livello, con un link diretto all'opzione di abbonamento. Inoltre, se YouTube lo consente, metti un'icona che richiami l'attenzione sui vantaggi esclusivi per abbonati durante le live o nei video pubblici.

Utilizzo dei social media per promuovere i contenuti per abbonati

I tuoi follower potrebbero non essere tutti attivi su YouTube 24/7, quindi approfitta dei social media per catturare la loro attenzione e aumentare la visibilità dei contenuti per abbonati. Instagram, Twitter e Facebook sono piattaforme ideali per condividere aggiornamenti in tempo reale, anteprime e promozioni speciali.

- **Instagram** Su Instagram, le Storie sono lo strumento perfetto per dare un assaggio dei contenuti esclusivi, magari condividendo un frammento di un tutorial o una breve anteprima di un video dietro le quinte. Puoi anche creare dei *post carousel* dove mostri cosa offri in ogni livello di abbonamento. Usa i *link stickers* nelle Storie per indirizzare i follower alla pagina di iscrizione e pensa anche a brevi *Reels* che incuriosiscano il pubblico.
- **X (ex Twitter)** Questo è ottimo per brevi aggiornamenti e promozioni temporanee. Tweet come *"Nuovo video esclusivo sugli archetipi narrativi appena caricato per i miei abbonati! Link in bio per unirti anche tu!"* possono catturare rapidamente l'interesse. Coinvolgi i follower facendo sondaggi su nuovi contenuti per abbonati o chiedendo loro cosa vorrebbero vedere in futuro.
- **Facebook** Se hai una pagina Facebook attiva, usa i post o la funzione *Eventi* per promuovere live esclusive o Q&A con i tuoi abbonati. Gruppi Facebook possono anche fungere da estensione della tua community, dove

condividere aggiornamenti o chiedere feedback diretto sui contenuti. Inoltre, i post su Facebook possono contenere descrizioni più dettagliate dei vantaggi dell'abbonamento, attirando così i follower che vogliono saperne di più.

Campagne promozionali e periodi di prova

Le promozioni temporanee sono un modo efficace per attirare nuovi abbonati, specialmente quelli che sono interessati ma che non sono ancora convinti. Lanciare campagne promozionali occasionali può aiutarti a mantenere alto l'interesse e a mostrare i vantaggi di far parte della tua community.

- **Lancio di promozioni temporanee** Offri l'accesso anticipato ai nuovi iscritti o sconti sul primo mese di abbonamento. Ad esempio, potresti annunciare una promozione con un messaggio come: *"Per tutto il mese di novembre, chi si iscrive al livello 'Apprendista Narratore' riceve una lezione extra gratuita di scrittura!"* Questo può essere un ottimo incentivo per convertire follower in abbonati.
- **Periodo di prova** Se YouTube lo consente, valuta la possibilità di offrire un periodo di prova di una o due settimane per i nuovi iscritti. Questo permette loro di esplorare i contenuti esclusivi e, se il valore che offri li convince, c'è una buona probabilità che restino abbonati anche dopo il termine del periodo di prova.

Collaborazioni con altri creator

Collaborare con altri creator può darti visibilità a un pubblico nuovo e aumentare il tuo numero di abbonati. La collaborazione funziona meglio quando c'è una buona sintonia tra te e il creator con cui collabori, e quando i vostri contenuti si completano a vicenda.

- **Espandere la visibilità degli abbonamenti tramite collaborazioni** Trova altri creator con una base di fan simile alla tua, che magari trattano argomenti correlati alla scrittura, alla narrativa o alla creatività. Potete realizzare insieme un video gratuito e annunciare un contenuto bonus riservato agli abbonati dei rispettivi canali. Ad esempio, potresti collaborare con un editor o un altro scrittore per un workshop esclusivo, disponibile solo per i vostri abbonati. Altre possibilità includono ospitare live comuni dove ogni creator condivide una parte del suo processo creativo e offre sconti o promozioni agli abbonati. Ricorda che una collaborazione è un'opportunità reciproca: entrambi guadagnerete visibilità e il pubblico percepirà questa iniziativa come un'opportunità unica e originale.

Con queste strategie di promozione, non solo renderai i tuoi abbonamenti più visibili, ma attirerai anche nuovi abbonati pronti a entrare a far parte della tua community. Usa tutte le piattaforme a tua disposizione per raggiungere i potenziali iscritti e non smettere mai di sperimentare nuovi approcci per mantenere alta la loro attenzione. Con una promozione strategica, il tuo canale diventerà un punto di riferimento non solo per i tuoi contenuti, ma anche per l'esperienza esclusiva che offri.

CAPITOLO 33
COSA FARE E COSA NON FARE

Gestire un sistema di abbonamenti su YouTube è un'ottima opportunità, ma richiede anche cura e costanza. Gli abbonati si aspettano un'esperienza di qualità e un legame con te come creator. Questo capitolo tratta le migliori pratiche per scrittori su YouTube e, naturalmente, gli errori comuni che rischiano di far scivolare un abbonamento da "esperienza entusiasmante" a "abbandono silenzioso." Ecco le strategie per mantenere alto l'interesse degli abbonati e farli sentire sempre coinvolti.

Best practices per scrittori su YouTube

Come scrittore, hai l'occasione unica di creare contenuti che vadano oltre i video generici, entrando in connessione con i tuoi fan grazie alla tua autenticità e alla qualità dei contenuti. Segui queste pratiche per mantenere viva la tua community e creare valore.

- **Essere autentici** Il pubblico avverte subito quando un creator è sincero e genuino, ed è una delle ragioni principali per cui decide di abbonarsi. Non c'è bisogno di apparire sempre perfetto o di inseguire trend. Essere te stesso, con

tutte le sfumature della tua personalità e passione per la
scrittura, farà sentire i tuoi fan più vicini a te e al tuo mondo.

- **Rispondere ai commenti** La community su YouTube è fatta
di interazioni: rispondere ai commenti fa parte di questo.
Che si tratti di un ringraziamento per l'abbonamento, una
risposta a un complimento o una semplice conversazione,
ogni interazione mostra che ci tieni e apprezzi il loro
supporto. Inoltre, rispondere ai commenti favorisce la
partecipazione attiva, trasformando i fan passivi in
sostenitori.

- **Creare valore** Qualsiasi contenuto esclusivo per abbonati
dovrebbe avere un valore chiaro e definito. Se i tuoi fan
pagano per accedere ai tuoi contenuti, è importante che
trovino ciò che hai promesso e, se possibile, qualche extra
inaspettato. Dai alle persone qualcosa che non trovano
altrove, che si tratti di consigli avanzati sulla scrittura,
racconti inediti, o sessioni di feedback.

Errori comuni

Anche le migliori intenzioni possono andare a vuoto se non si fa
attenzione ad alcuni errori comuni che spesso penalizzano l'esperienza
dell'abbonamento su YouTube.

- **Caricamenti irregolari** La costanza è cruciale. Se non
mantieni un ritmo regolare di caricamenti, il rischio è che gli
abbonati perdano l'interesse o addirittura si dimentichino
dei vantaggi del loro abbonamento. Inizia con una cadenza
che puoi realisticamente rispettare e cerca di rispettarla. Più
facile è per te mantenere un ritmo, più facile sarà per loro
rimanere coinvolti.

- **Assenza di interazione** L'abbonamento su YouTube è
un'opportunità per interagire con i tuoi fan, non solo per
vendere contenuti. Se non rispondi ai commenti, non chiedi
feedback e non comunichi con loro, gli abbonati possono

sentirsi trascurati. La community si basa su una connessione diretta con te, quindi partecipa alle conversazioni e rendili parte del processo.

- **Promesse non mantenute** Se prometti un tipo di contenuto o una cadenza specifica e non la rispetti, i fan si sentiranno delusi e, nel peggiore dei casi, traditi. È meglio offrire meno, ma essere certi di rispettare ogni promessa. Se le cose cambiano, informali con trasparenza: saranno più inclini a capirlo se sanno cosa sta succedendo.

Ottimizzazione dell'esperienza utente

L'esperienza utente non riguarda solo il contenuto, ma anche la facilità con cui gli abbonati accedono ai vantaggi e il piacere di sentirsi parte di una community. Ottimizzare l'esperienza è un modo per rendere l'abbonamento su YouTube qualcosa che i fan vogliono mantenere a lungo.

- **Rendere facile e piacevole l'esperienza d'abbonamento** Una volta che i follower decidono di abbonarsi, fai in modo che sia semplice per loro ottenere ciò che hanno pagato. Organizza i contenuti esclusivi in playlist o categorie facili da trovare, in modo che i nuovi abbonati possano esplorare facilmente il materiale precedente. Se crei PDF o risorse scaricabili, rendile accessibili tramite link diretti e intuitivi.
- **Creare un ambiente accogliente** Un abbonamento dovrebbe sentirsi come un club esclusivo, ma inclusivo: un posto dove tutti si sentano a casa e dove ogni contributo sia ben accolto. Creare un ambiente dove gli abbonati si sentano valorizzati li incoraggerà a partecipare e a rimanere. Invita i nuovi arrivati, saluta i vecchi abbonati, e considera ogni commento o interazione come un'opportunità per costruire la tua community.
- **Aggiungere personalizzazione** Ogni abbonato ha esigenze e aspettative diverse. Se possibile, considera di personalizzare

alcuni contenuti o esperienze. Ad esempio, potresti dare ai fan la possibilità di votare su argomenti futuri, creare contenuti basati sui loro suggerimenti o inviare messaggi di ringraziamento personalizzati. Questi piccoli gesti mostrano che tieni a loro individualmente, e non solo come numeri.

Seguendo queste best practices ed evitando gli errori più comuni, potrai creare una community di abbonati soddisfatti e appassionati. In fondo, si tratta di costruire una relazione di fiducia e gratitudine con chi ti sostiene, e questo rende il lavoro ancora più gratificante.

CAPITOLO 34
STRUMENTI E RISORSE DI SUPPORTO

Gestire un sistema di abbonamenti su YouTube richiede più di una buona idea e un calendario organizzato: servono strumenti che semplifichino la gestione della community, ti aiutino a monitorare i risultati e ti permettano di concentrarti su ciò che sai fare meglio – creare contenuti. Vediamo insieme i principali strumenti e risorse che possono supportarti nella gestione e nell'ottimizzazione del tuo sistema di abbonamenti su YouTube.

Strumenti per gestire gli abbonamenti

Organizzare una community di abbonati richiede più che rispondere ai commenti o pubblicare nuovi video. Ecco alcuni strumenti che ti aiutano a mantenere traccia delle interazioni e delle preferenze dei fan, migliorando la gestione della tua community.

CRM (Customer Relationship Management)

Un CRM ti permette di organizzare tutte le informazioni sui tuoi abbonati in un unico luogo. Se hai una community attiva e vuoi monitorare le interazioni, i feedback ricevuti o le richieste particolari, un CRM può essere di grande aiuto. Strumenti come *HubSpot* o *Zoho CRM* offrono versioni gratuite e facili da usare per piccole community, e sono perfetti per tenere nota di chi è iscritto, di eventuali feedback specifici o delle richieste per contenuti personalizzati. Così, quando interagisci con i tuoi fan, hai sempre un'idea chiara delle loro preferenze e del loro "profilo da lettore".

Strumenti per il community management

La gestione della community è essenziale per mantenere coinvolti gli abbonati e organizzare le interazioni in modo efficiente. Strumenti come *Discord* o *Patreon* (se gestisci anche abbonamenti su altre piattaforme) possono diventare vere e proprie estensioni della tua community, offrendo spazi per discussioni, sondaggi e comunicazioni dirette. Discord, in particolare, permette di creare server dedicati dove ogni livello di abbonamento può avere un proprio canale esclusivo. Questo facilita l'organizzazione di eventi, workshop o Q&A in uno spazio dedicato e ben organizzato, mantenendo separati i contenuti riservati per ciascun gruppo di abbonati.

Analytics di YouTube

Anche le analytics di YouTube sono un prezioso strumento di supporto. La sezione *YouTube Studio* ti permette di monitorare le metriche degli abbonamenti, vedere quali contenuti generano maggiori interazioni e misurare la crescita della tua community. Dedica qualche ora al mese per analizzare questi dati: possono offrirti spunti preziosi su cosa funziona meglio e su cosa puoi migliorare.

Risorse aggiuntive

Per gestire un sistema di abbonamenti di successo, è utile avere accesso a guide, tutorial e strumenti che ti aiutino a migliorare la qualità dei contenuti. Ecco alcune risorse utili per migliorare le tue competenze e per rendere il processo creativo più semplice e professionale.

Tutorial e guide di YouTube per creator

YouTube stessa offre una sezione completa dedicata ai creator, con tutorial e guide su come migliorare i tuoi video, ottimizzare i titoli e le descrizioni, e massimizzare l'interazione con i fan. Il canale *YouTube Creators* pubblica regolarmente video didattici e aggiornamenti sulle nuove funzionalità. Troverai anche la *YouTube Creator Academy*, una piattaforma con corsi gratuiti su tutto, dalla monetizzazione alle strategie per migliorare l'engagement della community. Se vuoi far crescere il tuo canale in modo professionale, queste risorse sono un must.

Tool per la creazione di contenuti visivi e video

La qualità visiva è importante per rendere i tuoi video professionali e coinvolgenti. Per migliorare l'aspetto grafico, strumenti come *Canva* sono ottimi per creare thumbnail, banner o grafiche accattivanti per le tue anteprime. È intuitivo e offre numerosi template preimpostati, rendendo facile la creazione di grafiche personalizzate anche per chi non ha competenze avanzate. Per il montaggio video, *Adobe Premiere Pro* e *Final Cut Pro* sono strumenti avanzati che offrono funzioni potenti e flessibili per creare contenuti di alta qualità. Se preferisci una soluzione gratuita, *DaVinci Resolve* è un software professionale utilizzato anche dai professionisti, che offre una versione gratuita completa con funzioni avanzate di editing e color grading.

Strumenti per i sottotitoli e la trascrizione

I sottotitoli sono un grande vantaggio per rendere accessibile il tuo contenuto a un pubblico più ampio, inclusi i non madrelingua. *Rev* e *Subtitle Edit* sono utili per la trascrizione dei video e l'aggiunta di sottotitoli. Un'opzione gratuita è *YouTube Studio*, che offre una funzione di sottotitoli automatici, che puoi poi modificare per migliorare la precisione.

Programmazione dei contenuti

Programmare i contenuti è fondamentale per rimanere organizzato e rispettare il calendario di caricamento. *Trello, Notion* o *Google Calendar* sono ottimi strumenti per pianificare i contenuti, i workshop o le live esclusive per i tuoi abbonati. Puoi creare una tabella di marcia dei contenuti per assicurarti che ogni fase del tuo abbonamento sia ben organizzata e rispettata, dall'ideazione al caricamento finale.

Con questi strumenti e risorse, puoi gestire e migliorare la qualità del tuo sistema di abbonamenti in modo professionale. Avere il supporto di strumenti di gestione e di contenuto ti permette di ottimizzare il tempo e le energie, garantendo ai tuoi abbonati un'esperienza di alta qualità. In definitiva, ogni strumento ti aiuterà a dedicarti di più al tuo vero obiettivo: costruire una community di appassionati che sostengono il tuo lavoro e la tua passione per la scrittura.

CONCLUSIONI

Gli abbonamenti su YouTube rappresentano un'opportunità unica per gli scrittori indipendenti: una nuova forma di supporto che non solo genera un reddito ricorrente, ma offre anche l'opportunità di coltivare una community fedele e coinvolta. Vediamo quindi una sintesi dei principali vantaggi e delle strategie che abbiamo trattato, con un invito a prendere l'iniziativa e a costruire il tuo percorso verso una community sostenibile e attiva.

Sintesi dei punti principali

Perché gli abbonamenti su YouTube possono fare la differenza per uno scrittore indipendente

In un'epoca in cui le opportunità di pubblicazione e di promozione digitale sono vaste ma competitive, gli abbonamenti su YouTube permettono di stabilire un legame diretto con i lettori. Questo modello offre diversi vantaggi: permette di creare un reddito mensile che alleggerisce le incertezze economiche della professione di scrittore indipendente e di trasformare i fan in sostenitori attivi. Gli abbonamenti rappresentano un sistema basato sulla fiducia reciproca, in cui il pubblico ha la possibilità di supportare direttamente i creatori che ama e di accedere a contenuti esclusivi che nessun altro può vedere.

Grazie agli abbonamenti, il tuo ruolo si evolve: non sei solo uno scrittore, ma un creatore di esperienze, un curatore di contenuti esclusivi e un leader per la tua community. Saper gestire una community di abbonati offre un'immensa soddisfazione professionale e personale. Non stai solo pubblicando storie, ma stai costruendo un rapporto di lunga durata con persone che condividono la tua passione per la scrittura.

Invito all'azione: sperimentare e scoprire il valore di una community fidelizzata

Se hai seguito questa guida fino alla fine, significa che hai già la volontà e la curiosità di metterti in gioco e di esplorare il potenziale degli abbonamenti su YouTube. Il prossimo passo è provare. Anche se all'inizio potrebbe sembrare complesso, è importante ricordare che costruire una community fidelizzata è un processo graduale e che non è necessario avere tutto perfetto fin da subito.

Sperimenta diversi tipi di contenuti, esplora quali strumenti ti aiutano meglio nella gestione della community e osserva cosa funziona per te e per i tuoi abbonati. Ogni creator ha una propria voce e un proprio modo di interagire con il pubblico; non temere di adattare le strategie alle tue specifiche esigenze e al tuo stile.

Inizia, ascolta il feedback dei tuoi abbonati, e lascia che la tua community si evolva e cresca con te. Alla fine, il valore di una community fidelizzata non si misura solo in termini di supporto economico, ma in quella connessione profonda e unica che si crea con le persone che apprezzano e sostengono il tuo lavoro. Con impegno e creatività, puoi fare degli abbonamenti su YouTube una risorsa preziosa per la tua carriera di scrittore indipendente, creando un legame che va ben oltre il singolo libro o video.

PARTE QUATTRO
SUBSTACK

CAPITOLO 35
INTRODUZIONE A SUBSTACK

Benvenuto nel meraviglioso mondo di Substack, la piattaforma che ha rivoluzionato il modo in cui gli autori condividono i loro contenuti. Se sei stanco delle solite dinamiche editoriali e desideri una maggiore autonomia, Substack potrebbe essere la soluzione che stavi cercando.

Cos'è Substack?

Substack è una piattaforma digitale che permette agli autori di creare e distribuire newsletter e podcast, offrendo sia contenuti gratuiti che a pagamento. In altre parole, è il tuo palcoscenico personale dove puoi esprimerti liberamente, senza le restrizioni tipiche dei media tradizionali. Che tu sia un giornalista, uno scrittore o un esperto in un determinato settore, Substack ti offre gli strumenti per raggiungere direttamente il tuo pubblico.

Evoluzione Recente

Da quando è stata lanciata nel 2017, Substack ha visto una crescita impressionante. A gennaio 2024, la piattaforma ha registrato oltre 50 milioni di visitatori unici mensili, segnando un aumento del 42% rispetto ad agosto 2023.

Questo boom testimonia l'appetito crescente per contenuti indipendenti e di qualità, lontani dalle logiche commerciali dei grandi conglomerati mediatici.

Perché Dovresti Considerare Substack?

Se sei un autore che desidera:

• **Autonomia**: Gestisci i tuoi contenuti senza interferenze editoriali.

• **Monetizzazione**: Offri abbonamenti a pagamento e guadagna direttamente dai tuoi lettori.

• **Connessione Diretta**: Costruisci una comunità fedele e interagisci direttamente con il tuo pubblico.

Allora, Substack potrebbe essere la piattaforma ideale per te. Ma attenzione: con grande potere viene grande responsabilità. La qualità dei contenuti è fondamentale per attrarre e mantenere gli abbonati. Non basta pubblicare; devi offrire valore.

In un'epoca in cui l'informazione è spesso filtrata e manipolata, Substack rappresenta una boccata d'aria fresca per autori e lettori alla ricerca di autenticità. Se sei pronto a prendere in mano le redini della tua produzione editoriale e a costruire una relazione diretta con il tuo pubblico, Substack ti offre gli strumenti per farlo. Ma ricorda, con la libertà viene anche la responsabilità di mantenere alta la qualità dei tuoi contenuti. Sei pronto per la sfida?

CAPITOLO 36
CREAZIONE DI UNA NEWSLETTER SU SUBSTACK

Se hai deciso di buttarti nella mischia e hai capito che Substack è il posto giusto per te, ora è il momento di passare all'azione. Non ti preoccupare, la configurazione è abbastanza semplice, ma qualche consiglio può sempre tornare utile per evitare di muoverti alla cieca.

Registrazione e Configurazione

Passo 1: Registrati Vai su Substack e segui il classico schema "Inserisci email, crea password, clicca su registrati". Facile, vero? Forse troppo facile. Substack ama mantenere le cose semplici, quindi niente formule complicate: pochi clic e sei dentro. Ti sembrerà quasi di star creando un profilo su un social, ma fidati, è più di questo.

Passo 2: Impostazioni del Profilo Autore Una volta entrato, è il momento di dare una bella sistemata al tuo profilo. Qui inizia il bello: foto, bio, e qualche frase accattivante su chi sei e cosa offri. Sì, qui puoi fare il figo, ma cerca di essere anche concreto. Spiega in modo semplice e diretto perché dovrebbero seguirti. Ricorda, il profilo è come una vetrina: la gente ci darà un'occhiata veloce, quindi sii chiaro e convincente senza troppe parole.

. . .

Personalizzazione

Ora che hai messo le basi, è tempo di fare un po' di personal branding. Substack offre opzioni di personalizzazione abbastanza basiche, quindi non aspettarti di poter creare il sito dei tuoi sogni. Però puoi comunque rendere la tua newsletter riconoscibile e distintiva.

Nome della Newsletter Questo è un punto cruciale. Se hai già un titolo in mente, bene, ma se non lo hai, prenditi del tempo. Il nome deve parlare di te e del tipo di contenuti che offrirai. Vuoi essere formale o ironico? Diretto o intrigante? Pensa a chi vuoi attirare e scegli di conseguenza. Ah, e assicurati che non sia un nome già usato: qui l'originalità è tutto.

Design e Impostazioni di Branding Substack ti offre una manciata di opzioni per cambiare il look della tua newsletter. Sì, non hai il pieno controllo sui font o sui colori, ma con un po' di astuzia puoi far risaltare il tuo stile. Puoi scegliere l'immagine di copertina, il layout e qualche altro dettaglio che, fidati, farà la differenza. Se vuoi un tocco più professionale, investi qualche minuto in più per caricare immagini di alta qualità e pensare alla coerenza visiva. Perché sì, anche se è solo una newsletter, l'occhio vuole la sua parte.

Importazione di Contatti Esistenti

Ora, non vorrai partire da zero, vero? Se hai già un pubblico su un'altra piattaforma (tipo Mailchimp o altre), Substack ti permette di importare quei contatti. Questa opzione è una manna, perché ti permette di portare con te i tuoi lettori fedeli senza farli iscrivere di nuovo.

Come Trasferire Liste di Contatti Il processo è semplice: esporta la tua lista da dove l'hai (di solito in formato CSV) e importala direttamente su Substack. Il bello? Substack fa tutto da sé. L'unico consiglio? Assicurati di rispettare le normative sulla privacy: se non hai ottenuto il consenso esplicito dei contatti, rischi di fare un buco nell'acqua (o di ricevere qualche lamentela). Meglio evitare passi falsi qui, ok?

· · ·

Ecco fatto, sei pronto per iniziare a inviare la tua newsletter! Ora che hai configurato il tuo profilo, creato un nome d'effetto e importato i tuoi contatti, hai tutto il necessario per iniziare alla grande. Se pensi che basti premere "Invia" e aspettare che piovano iscritti, però, fermati un attimo. La vera sfida è mantenere alta la qualità e l'interesse del pubblico, quindi prepara i contenuti e... che la creatività sia con te!

CAPITOLO 37
STRATEGIA DEI CONTENUTI

Se hai seguito fino a qui, hai un'idea chiara della struttura della tua newsletter e del profilo che rappresenterà te e i tuoi contenuti. Ma adesso viene il bello: capire cosa scrivere e, soprattutto, come farlo in modo che il tuo pubblico ne resti coinvolto. Qui si entra nella sfera della strategia, quella che separa le newsletter che hanno una vita lunga da quelle che, beh... spariscono nel nulla. Parliamo dunque di come strutturare i tuoi contenuti per renderli non solo interessanti, ma anche indispensabili per chi ti legge.

Definizione del Pubblico Target

Chi vuoi raggiungere? Definire il tuo pubblico ideale è il punto di partenza per tutto il resto. Quando pensi ai tuoi lettori, non limitarti a pensare in termini generici, come "chiunque sia interessato a X." Più chiara e dettagliata è la tua idea del lettore ideale, meglio è.

Immagina la tua newsletter come una conversazione diretta: a chi stai parlando? Sono aspiranti scrittori? Amanti del genere che tratti? Oppure colleghi autori in cerca di consigli pratici? Se non sai chi è il tuo pubblico, finirai per creare contenuti vaghi, e il rischio è che nessuno ci si ritrovi davvero.

Una volta individuato il target, elabora un profilo ideale del lettore, chiamato in gergo "persona." Questa persona dovrebbe avere caratteristiche specifiche: età, interessi, esperienze, persino abitudini di lettura. Un piccolo trucco: pensa a un lettore che conosci e rispecchia il tuo target. Parla come se parlassi a lui.

Pianificazione Editoriale

Creazione di un Calendario dei Contenuti La parola magica per evitare il temuto blocco dello scrittore è pianificazione. Hai mai notato quanto sia più semplice scrivere quando sai già su cosa stai scrivendo? Ecco, questo è il principio dietro il calendario editoriale.

Creare un calendario ti aiuterà a mantenere un ritmo e a evitare di essere travolto dall'ansia da pagina bianca. Decidi in anticipo le tue pubblicazioni: pensa a temi mensili o settimanali, e inizia a lavorare su una sequenza logica che porti il lettore in un viaggio continuo. Ogni mese potresti concentrarti su un argomento, esplorandolo in più articoli o podcast e approfondendo diversi aspetti, in modo da costruire una narrazione coerente e coinvolgente.

Quando pensi ai contenuti da pubblicare, cerca di essere realistico e coerente: non è detto che debba uscire un nuovo pezzo ogni giorno o settimana. Frequenza e regolarità contano più di una produzione eccessiva. La coerenza batte sempre l'abbondanza!

Tipologie di Contenuti

E ora che hai definito il tuo pubblico e hai il tuo calendario, passiamo alla parte creativa: scegliere le diverse tipologie di contenuti. Substack ti permette di esplorare vari formati, quindi non limitarti agli articoli scritti (anche se sono un grande classico). Ecco alcune opzioni che potresti considerare:

• **Articoli**: Perfetti per condividere approfondimenti, opinioni e riflessioni. Gli articoli sono una delle basi della comunicazione scritta, e puoi utilizzarli per tutto: dai consigli pratici alle analisi dettagliate, passando per il racconto delle tue esperienze personali. Ricorda però: brevi, incisivi e ben scritti!

• **Podcast**: Se ti senti a tuo agio con il microfono, perché non dare una voce alla tua newsletter? I podcast sono un ottimo strumento per avvicinare il pubblico, con il vantaggio di poter trattare temi complessi in modo più diretto e colloquiale. È un formato molto apprezzato, specie da chi non ha tempo di leggere ma adora ascoltare contenuti durante la giornata.

• **Contenuti Multimediali**: Immagini, video, infografiche: il contenuto visivo può spezzare la monotonia della scrittura e aggiungere un tocco di freschezza. Una serie di immagini per raccontare un processo creativo, ad esempio, o una foto che ispiri una riflessione: sono dettagli che possono fare la differenza.

• **Contenuti Interattivi**: Sondaggi, quiz, domande aperte. I lettori apprezzano l'interazione, perché li fa sentire parte attiva della tua comunità. Prova a chiedere la loro opinione su un argomento o a lanciare sondaggi su cosa vorrebbero leggere di più. La cosa interessante è che, oltre a creare coinvolgimento, questi strumenti ti permettono anche di raccogliere informazioni preziose per migliorare i tuoi contenuti.

Non dimenticare che una buona strategia dei contenuti non è mai scritta sulla pietra. Sperimenta, analizza le reazioni, e, se necessario, adatta la tua pianificazione editoriale. I gusti del pubblico cambiano, e così anche le esigenze: il trucco è riuscire a rimanere flessibile pur mantenendo una tua coerenza di base. Il tuo obiettivo è costruire una relazione di fiducia con il lettore, offrendogli costantemente valore senza mai scadere nella monotonia.

CAPITOLO 38
MONETIZZAZIONE TRAMITE ABBONAMENTI

Ora che hai messo in piedi una newsletter strutturata e strategica, arriva la parte pratica e (perché no) motivante: fare in modo che questa passione diventi una fonte di guadagno. Substack ha reso la monetizzazione semplice e accessibile, offrendo vari modelli di abbonamento e un sistema di gestione dei pagamenti intuitivo. Ma prima di tuffarti a capofitto, è essenziale capire bene come funziona il meccanismo degli abbonamenti, come determinare il prezzo giusto e cosa aspettarsi dal lato pratico dei pagamenti.

Modelli di Abbonamento

Substack offre tre principali opzioni di abbonamento, ciascuna con vantaggi e svantaggi. La scelta del modello giusto dipende da come vuoi interagire con i lettori e da quanto contenuto sei disposto a condividere gratuitamente.

• **Offerta Gratuita**: In questo modello, tutti i tuoi contenuti sono gratuiti. Può sembrare poco redditizio, ma non sottovalutarlo: è un modo potente per costruire un pubblico ampio senza le barriere dell'abbonamento a pagamento. Con un'ampia base gratuita, potrai sempre introdurre in futuro offerte premium, convertendo i lettori più fedeli in sostenitori paganti.

• **Offerta a Pagamento**: Qui, i lettori devono abbonarsi per accedere ai contenuti. È una scelta ideale se hai già una base di seguaci disposti a pagare per il valore dei tuoi contenuti. Con questo modello, però, è fondamentale mantenere un livello alto di qualità e costanza per giustificare l'abbonamento. Le persone pagheranno solo se percepiscono un valore concreto.

• **Offerta Mista**: Questo è il "migliore dei due mondi": offri parte dei contenuti gratuitamente e riserva altri per gli abbonati a pagamento. È un modello molto utilizzato perché permette ai nuovi lettori di conoscerti senza impegno, dandoti al contempo l'opportunità di fidelizzare chi è disposto a supportarti economicamente. Un classico esempio è pubblicare regolarmente contenuti gratuiti, ma aggiungere articoli approfonditi, podcast esclusivi o contenuti multimediali riservati agli abbonati.

Determinazione dei Prezzi

Strategie per Stabilire le Tariffe Mensili e Annuali Scegliere quanto far pagare i tuoi lettori può sembrare complesso, ma con un po' di riflessione puoi arrivare a una cifra giusta che ti permetta di guadagnare senza alienare i lettori. Qui entra in gioco una combinazione di psicologia e analisi di mercato.

1 Considera il Valore del Contenuto: Quanto vale ciò che offri? Se stai fornendo contenuti altamente specializzati, come guide dettagliate, analisi o articoli di approfondimento, puoi giustificare una tariffa più alta. Se invece il contenuto è di tipo più generale, è meglio mantenere il prezzo accessibile.

2 Stabilisci Prezzi Mensili e Annuali: Un'opzione popolare è quella di offrire un prezzo mensile accessibile, intorno ai 5-10 euro, e una tariffa annuale scontata che incoraggi i lettori a impegnarsi per un periodo più lungo (ad esempio, 50-100 euro annui). La tariffa annuale non solo aumenta la fedeltà, ma garantisce anche un flusso di entrate più stabile.

3 Osserva la Concorrenza: Guardare come si posizionano altre newsletter simili può darti un'idea di quello che i lettori sono disposti a pagare. Certo, evita di copiare i prezzi alla cieca: pensa sempre al valore specifico che tu stai offrendo.

4 Offri Prove Gratuite o Sconti: Una prova gratuita di una o due settimane può far sì che i lettori si abituino al tuo stile prima di impegnarsi. Oppure, puoi lanciare sconti speciali per i primi iscritti, un modo efficace per attrarre un pubblico all'inizio.

Gestione dei Pagamenti

Utilizzo di Stripe e Commissioni Substack collabora con Stripe per gestire i pagamenti, rendendo il processo di iscrizione e pagamento facile per te e per i lettori. Stripe è un sistema di pagamento sicuro e molto diffuso che permette di gestire abbonamenti in modo automatizzato. Una volta configurato l'account Stripe (che richiederà un po' di documentazione, ma nulla di troppo complicato), puoi iniziare a ricevere pagamenti direttamente dal tuo account Substack.

Comprendere le Commissioni Ogni transazione comporta delle commissioni. Substack trattiene il 10% delle entrate degli abbonamenti, mentre Stripe applica una commissione per ogni pagamento processato (di solito attorno al 2,9% + 0,30 euro per transazione). Può sembrare tanto, ma se il tuo pubblico cresce, queste percentuali si bilanciano con il volume di entrate. Tieni conto di queste percentuali quando calcoli il prezzo dell'abbonamento, per evitare sorprese e assicurarti che la cifra finale copra davvero il valore del tuo lavoro.

Stabilire il giusto modello di abbonamento e i prezzi è un processo che richiede attenzione e un po' di strategia, ma una volta che trovi la formula giusta, Substack può diventare una vera fonte di guadagno. Ricorda, non si tratta solo di monetizzare: si tratta di costruire un rapporto con i lettori e di dare loro un valore reale. Se lo fai con costanza e autenticità, troverai il pubblico disposto a sostenerti. E quando questo avverrà, saprai che ogni centesimo guadagnato è il riconoscimento del tuo lavoro e della tua voce unica.

CAPITOLO 39
CRESCITA E COINVOLGIMENTO DEL PUBBLICO

Ora che la tua newsletter è pronta, monetizzata e con un contenuto studiato nei minimi dettagli, è il momento di pensare alla crescita del tuo pubblico. Avere una newsletter straordinaria serve a poco se nessuno la legge, e qui entra in gioco l'arte della promozione e dell'interazione. Non si tratta solo di attirare nuovi lettori, ma anche di creare una comunità fedele che ti segua con entusiasmo e partecipazione. Vediamo come fare.

Promozione della Newsletter

La promozione è fondamentale per ampliare il tuo pubblico. Ecco alcuni canali e strategie che possono aiutarti a diffondere la voce.

1 Utilizzo dei Social Media I social media sono un canale potente per raggiungere nuovi lettori. Scegli i canali più adatti al tuo pubblico target e crea contenuti che li portino a iscriversi alla newsletter. Un suggerimento: punta sulla qualità, non sulla quantità. Post su Instagram, tweet su Twitter, video su TikTok o contenuti informativi su LinkedIn possono tutti contribuire, ma solo se portano valore. Evita di spammare con post promozionali e preferisci contenuti che dimostrino il valore della tua newsletter.

2 Scrivere un Blog di Supporto Creare un blog collegato alla tua newsletter può ampliare la portata dei tuoi contenuti, aiutandoti a raggiungere lettori che altrimenti non ti troverebbero. Condividi articoli estratti dalla newsletter o pubblica contenuti correlati, ma gratuiti, per attrarre curiosi. Usa le parole chiave giuste per facilitare l'indicizzazione su Google: il tuo blog può diventare una calamita per nuovi iscritti interessati al tuo settore.

3 Collaborazioni e Guest Posting Stringere collaborazioni con altri creatori, sia su Substack che al di fuori, può fare la differenza. Collabora con autori, podcaster, o influencer che condividono un pubblico simile al tuo, scambiandovi visibilità. Per esempio, potresti offrire di scrivere un post come ospite per un altro autore o invitare qualcuno a partecipare alla tua newsletter. Questi scambi sono un modo eccellente per farsi conoscere da un pubblico già fidelizzato, potenzialmente interessato ai tuoi contenuti.

Interazione con i Lettori

Una volta che i lettori hanno fatto il passo di iscriversi, è essenziale farli sentire parte della tua comunità. L'interazione non solo aumenta la fedeltà, ma crea un legame personale che fa sentire il lettore coinvolto e apprezzato.

1 Rispondere ai Commenti La sezione dei commenti di Substack è un'ottima occasione per dialogare con i tuoi lettori. Quando rispondi ai loro commenti, non solo mostri gratitudine, ma dimostri che dietro alla newsletter c'è una persona vera che apprezza il loro supporto. Non essere timido: rispondi con sincerità e, dove possibile, cerca di avviare una discussione. Questo rende l'esperienza della newsletter più dinamica e interattiva.

2 Sondaggi e Domande Chiedi ai tuoi lettori cosa vorrebbero leggere di più, quali temi preferiscono o quale tipo di contenuto trovano più utile. Substack offre la possibilità di creare sondaggi e domande aperte, uno strumento prezioso per conoscere meglio i gusti del tuo pubblico. E, come bonus, li fai sentire partecipi nel processo creativo. Più ti dimostri ricettivo alle loro opinioni, più saranno disposti a interagire e a restare fedeli.

3 Discussioni Periodiche Proponi discussioni aperte su argomenti che interessano il tuo pubblico. Puoi dedicare un articolo speciale ogni tanto per sollevare un tema di discussione e invitare i lettori a partecipare nei commenti. In questo modo, crei uno spazio per il confronto e permetti ai lettori di conoscersi e interagire tra loro, aumentando il senso di comunità.

Utilizzo delle Raccomandazioni

Substack ha introdotto un sistema di raccomandazioni che può aiutarti a ottenere maggiore visibilità in modo naturale, sfruttando il potere delle connessioni tra autori.

1 Collaborare con Altri Autori su Substack Il sistema di raccomandazioni di Substack permette agli autori di suggerire ai propri lettori altre newsletter che ritengono interessanti. Se conosci autori che potrebbero avere un pubblico simile, proponi una collaborazione: una menzione reciproca nelle rispettive newsletter può portare un afflusso di nuovi iscritti. Questo approccio si basa sulla fiducia tra autori e lettori e funziona perché arriva come una raccomandazione personale.

2 Includere Raccomandazioni nelle tue Newsletter Non dimenticare che anche tu puoi raccomandare altri autori. Se trovi newsletter che pensi possano piacere al tuo pubblico, non esitare a condividerle. Questo ti fa apparire come una fonte affidabile di suggerimenti e potrebbe incentivare altri autori a fare lo stesso per te. In più, amplifica il valore che offri, poiché dimostra che sei attento e aggiornato su ciò che accade nel tuo settore.

Far crescere il tuo pubblico richiede pazienza, costanza e attenzione all'interazione. Non si tratta solo di numeri: ogni nuovo iscritto è una persona interessata a ciò che offri, e ogni commento è un'opportunità per rafforzare la tua comunità. Con il giusto mix di promozione, interazione e raccomandazioni, potrai costruire un seguito fedele e affiatato che continuerà a crescere nel tempo. In questo modo, la tua newsletter non sarà solo una raccolta di contenuti, ma un vero e proprio punto di incontro per una comunità appassionata.

CAPITOLO 40
ANALISI DELLE PRESTAZIONI

Quando si tratta di far crescere e monetizzare una newsletter, non basta pubblicare contenuti di qualità e sperare nel meglio. Per capire davvero cosa funziona (e cosa no), è essenziale monitorare le performance. Qui entra in gioco l'analisi delle prestazioni: un'attività che ti permette di capire come i tuoi contenuti vengono recepiti e quali strategie stanno portando risultati. Questo capitolo è dedicato a come misurare il successo della tua newsletter su Substack.

Metriche Chiave

Cominciamo dalle basi. Esistono alcune metriche fondamentali per valutare l'efficacia della tua newsletter. Ignorarle significa navigare al buio, mentre tenerle sotto controllo ti darà le informazioni necessarie per migliorare i tuoi contenuti e adattarli al pubblico.

1 Tasso di Apertura: Indica la percentuale di lettori che aprono le tue email rispetto al numero totale di iscritti. È una metrica fondamentale, perché ti dice quanti dei tuoi abbonati sono effettivamente interessati ai tuoi contenuti. Un tasso di apertura basso potrebbe indicare che l'oggetto della tua email non è abbastanza accattivante o che i lettori non trovano più i tuoi contenuti rilevanti. Idealmente, un buon tasso di apertura per una newsletter dovrebbe aggirarsi intorno al 20-40%, ma questo può variare in base al settore.

2 Tasso di Clic: Mostra la percentuale di lettori che cliccano sui link all'interno della tua newsletter. Se inserisci link a articoli, podcast o risorse esterne, questo tasso indica quanto il tuo pubblico è coinvolto e interessato a esplorare ulteriormente. Un tasso di clic elevato è segno che i tuoi contenuti sono pertinenti e invitanti; al contrario, un tasso basso potrebbe indicare che i link non sono ben integrati o che non sono percepiti come utili.

3 Conversioni: Le conversioni indicano quanti lettori passano da un'iscrizione gratuita a una a pagamento. È una delle metriche più importanti per la monetizzazione, e rappresenta un vero segnale di fiducia da parte dei lettori. Se il tuo tasso di conversione è basso, potrebbe essere il momento di rivedere la tua strategia di offerta e il valore aggiunto dei contenuti a pagamento.

4 Crescita degli Abbonati: Questa metrica misura la variazione nel numero degli iscritti nel tempo. Tieni d'occhio quanti nuovi iscritti ottieni ogni mese e quanti invece annullano l'abbonamento. Una crescita costante è un buon segnale, mentre un calo può indicare che i tuoi contenuti non stanno mantenendo alto l'interesse. Non esiste un tasso di crescita ideale, ma se vedi una crescita negativa per più mesi di seguito, potrebbe essere il momento di ripensare la strategia.

Strumenti di Analisi

Substack fornisce già alcuni strumenti integrati per monitorare le metriche chiave della tua newsletter, ma ci sono anche altre opzioni che puoi considerare per ottenere analisi più dettagliate.

1 Funzionalità Integrate di Substack Substack offre una dashboard di base che mostra dati come il tasso di apertura, il tasso di clic e la crescita degli abbonati. Questa panoramica ti permette di vedere rapidamente l'andamento della tua newsletter e di individuare eventuali cambiamenti nei trend. Puoi anche vedere quali articoli specifici hanno ottenuto maggiori visualizzazioni e clic, così da capire quali contenuti hanno funzionato meglio.

Oltre alla dashboard, Substack ti invia rapporti periodici con informazioni su come è andato ogni invio. Riceverai aggiornamenti sui numeri di apertura e clic per ciascun articolo, cosa che può aiutarti a capire subito cosa ha risuonato con i tuoi lettori. Anche le statistiche sulla crescita mensile degli iscritti ti forniranno un'indicazione generale sulla salute della tua newsletter.

2 Integrazioni con Strumenti Esterni Se desideri una visione più approfondita, potresti considerare l'integrazione di Substack con strumenti esterni come Google Analytics. Anche se Substack non supporta tutte le funzioni avanzate di monitoraggio, puoi ottenere alcuni dati base sul traffico tramite link tracciati con UTM. Questi tag UTM, facilmente configurabili su Google Analytics, ti permettono di vedere da dove arrivano i lettori quando cliccano su un link nella tua newsletter e di tracciare meglio il comportamento degli utenti al di fuori della piattaforma Substack.

Altri strumenti come Mixpanel o HubSpot possono anche aiutare, ma solo se sei disposto a fare qualche passo in più in termini di configurazione e analisi. Questi strumenti ti danno una panoramica più dettagliata delle conversioni e del coinvolgimento del pubblico, ma potrebbero richiedere un budget aggiuntivo.

L'analisi delle prestazioni della tua newsletter è essenziale per capire cosa funziona e cosa no. Tieni monitorate le metriche chiave e sfrutta le funzionalità integrate di Substack per avere una visione chiara delle performance dei tuoi contenuti. Se vuoi spingerti oltre, considera l'uso di strumenti esterni per una comprensione più approfondita del comportamento dei tuoi lettori. Ricorda, però, che il vero valore di questi dati sta nella loro interpretazione: non si tratta solo di numeri, ma di quello che questi numeri possono dirti su come migliorare costantemente la tua newsletter e fornire ai lettori un'esperienza sempre più coinvolgente e personalizzata.

CAPITOLO 41
CONSIDERAZIONI LEGALI E DI CONFORMITÀ

In un mondo digitale in cui la privacy è sempre più al centro delle discussioni, ignorare le considerazioni legali e le normative sulla protezione dei dati può essere un errore costoso. Creare una newsletter non è solo questione di contenuti e coinvolgimento: è fondamentale che la tua attività su Substack sia conforme alle normative vigenti, soprattutto se ti rivolgi a un pubblico europeo. Questo capitolo ti aiuterà a orientarti tra le questioni legali, affrontando gli aspetti più rilevanti come la privacy e i termini di servizio di Substack.

Privacy e Protezione dei Dati

Conformità al GDPR e ad Altre Normative

Il GDPR (Regolamento Generale sulla Protezione dei Dati) è una delle normative più rigorose e avanzate al mondo in termini di protezione dei dati personali. Se hai lettori in Europa, è essenziale che la tua newsletter sia conforme a questi requisiti. Ma cosa significa in pratica?

1 Raccolta del Consenso Il GDPR richiede che tu raccolga il consenso esplicito dei tuoi lettori prima di raccogliere e utilizzare i loro dati personali. Questo significa che i lettori devono sapere chiaramente come utilizzerai le loro informazioni (indirizzi email, dati di tracciamento, ecc.) e devono poter accettare o rifiutare in modo semplice. Quando un lettore si iscrive alla tua newsletter su Substack, assicurati di fornire una spiegazione chiara di come gestirai i suoi dati, magari includendo un link alla tua informativa sulla privacy.

2 Informativa sulla Privacy Ogni newsletter dovrebbe includere un'informativa sulla privacy, anche se breve e accessibile facilmente. Questo documento dovrebbe spiegare come raccogli, conservi, utilizzi e protegge i dati personali degli utenti. Su Substack, puoi aggiungere una sezione dedicata alla privacy sulla tua pagina, in modo che sia visibile a tutti gli iscritti e ai nuovi utenti.

3 Diritti degli Utenti Il GDPR garantisce agli utenti alcuni diritti, come il diritto di accesso ai propri dati, di rettifica, di cancellazione e di opposizione. Assicurati di poter rispondere a queste richieste in modo rapido ed efficiente. Per esempio, se un utente desidera disiscriversi o chiedere la rimozione dei propri dati, Substack rende possibile la cancellazione automatica, ma potresti dover gestire manualmente altre richieste, soprattutto se ti avvali di strumenti esterni.

4 Misure di Sicurezza È essenziale garantire che i dati dei tuoi iscritti siano protetti da accessi non autorizzati o perdite accidentali. Anche se Substack implementa misure di sicurezza standard, è importante che tu stesso adotti pratiche sicure: usa password forti, aggiorna regolarmente il tuo dispositivo, e, se condividi i dati con terze parti, assicurati che anche loro siano conformi alle normative di protezione dei dati.

Termini di Servizio

Comprensione delle Politiche di Substack

Oltre alle normative esterne, è importante anche conoscere e rispettare i termini di servizio di Substack. Questi regolamenti stabiliscono come utilizzare la piattaforma e i limiti entro i quali è possibile operare.

1 Contenuti e Copyright Substack ti consente di mantenere i diritti sui contenuti che pubblichi, ma è importante evitare violazioni del copyright di terzi. Se utilizzi immagini, citazioni o altri materiali protetti, assicurati di avere le autorizzazioni necessarie. Non dare per scontato che tutto ciò che trovi online sia gratuito: spesso, i contenuti protetti da copyright possono essere utilizzati solo con l'autorizzazione del proprietario o con una licenza specifica.

2 Linee Guida sui Contenuti Substack ha una politica di tolleranza zero per contenuti offensivi, violenti, o che incitino all'odio. Leggi attentamente le linee guida di Substack per assicurarti che i tuoi contenuti non violino queste regole. Mantenere la tua newsletter rispettosa delle linee guida ti aiuta non solo a rimanere sulla piattaforma, ma anche a creare un ambiente più positivo e accogliente per i lettori.

3 Responsabilità della Privacy Mentre Substack si occupa della gestione tecnica della piattaforma, come creator sei tu ad essere responsabile del trattamento dei dati dei tuoi lettori. Come già accennato, è tua responsabilità assicurarti che tutte le normative siano rispettate e che il trattamento dei dati avvenga in modo trasparente.

4 Commissioni e Politiche di Pagamento Ricorda che Substack trattiene una commissione del 10% sugli abbonamenti a pagamento e che Stripe applica a sua volta una commissione sulle transazioni. Assicurati di essere informato su queste percentuali e su eventuali cambiamenti nelle politiche di Substack. Gestire correttamente i pagamenti è essenziale per evitare sorprese sgradite e per garantire che le tue entrate siano conformi alle aspettative.

5 Politica di Disiscrizione Gli utenti devono poter disiscriversi in modo facile e immediato. Substack garantisce un'opzione di disiscrizione automatica, ma come creator dovresti anche fornire assistenza in caso di problemi o difficoltà. Questo non solo rispetta le normative, ma migliora anche l'esperienza utente e rafforza la fiducia dei lettori.

Le considerazioni legali e di conformità potrebbero sembrare noiose, ma sono un passaggio fondamentale per garantire che la tua newsletter non incontri ostacoli lungo il cammino. Rispettare il GDPR, comprendere le politiche di Substack e gestire i dati dei lettori con rispetto e trasparenza non solo protegge te, ma dimostra anche professionalità e attenzione verso il tuo pubblico. Non dimenticare: la fiducia è alla base di ogni relazione con il lettore, e gestire la tua newsletter in modo conforme e sicuro è uno dei modi migliori per guadagnarla e mantenerla.

CAPITOLO 42
VANTAGGI E SVANTAGGI DI SUBSTACK

Dopo aver esplorato le varie funzionalità e strategie per utilizzare Substack, è il momento di valutare i pro e i contro di questa piattaforma. Come ogni strumento, Substack presenta punti di forza che lo rendono attraente per molti autori indipendenti, ma anche alcune limitazioni che potrebbero influenzare la tua decisione. Analizziamo insieme i principali vantaggi e svantaggi.

Vantaggi

1 Facilità d'Uso Substack è noto per la sua interfaccia intuitiva e user-friendly. Anche senza competenze tecniche avanzate, puoi creare e gestire una newsletter in pochi passaggi. La piattaforma si occupa di gran parte del lavoro tecnico, permettendoti di concentrarti sulla creazione di contenuti di qualità.

2 Integrazione di Newsletter e Podcast Oltre alle newsletter, Substack offre la possibilità di ospitare e distribuire podcast. Questa integrazione ti consente di diversificare i tuoi contenuti e raggiungere un pubblico più ampio attraverso diversi formati, tutto all'interno della stessa piattaforma.

. . .

3 Possibilità di Monetizzazione Diretta Substack facilita la monetizzazione dei tuoi contenuti attraverso abbonamenti a pagamento. Puoi offrire contenuti esclusivi ai tuoi abbonati premium e gestire facilmente i pagamenti grazie all'integrazione con Stripe. Questo modello ti permette di generare entrate dirette dal tuo lavoro creativo.

4 Gestione Semplificata degli Abbonati La piattaforma fornisce strumenti integrati per gestire la tua lista di abbonati, monitorare le iscrizioni e analizzare le metriche chiave. Questo ti aiuta a comprendere meglio il tuo pubblico e a ottimizzare le tue strategie di contenuto.

Svantaggi

1 Limitazioni nella Personalizzazione Avanzata Sebbene Substack offra opzioni di personalizzazione di base, le possibilità di design avanzato sono limitate. Se desideri un controllo completo sull'aspetto e la struttura della tua newsletter, potresti trovare queste restrizioni frustranti.

2 Funzionalità di Automazione Limitate A differenza di altre piattaforme di email marketing, Substack non offre funzionalità avanzate di automazione, come sequenze di email personalizzate o segmentazione dettagliata del pubblico. Questo può essere un ostacolo se hai bisogno di strategie di marketing più sofisticate.

3 Commissioni sulle Entrate Substack trattiene una commissione del 10% sulle entrate generate dagli abbonamenti a pagamento, oltre alle commissioni di Stripe. Queste spese possono accumularsi nel tempo e ridurre i tuoi guadagni netti.

· · ·

4 Limitate Opzioni di Integrazione La piattaforma non supporta molte integrazioni con strumenti esterni, il che può limitare la tua capacità di espandere le funzionalità o di collegare Substack ad altre parti del tuo ecosistema digitale.

Substack rappresenta una soluzione potente e accessibile per gli autori indipendenti che desiderano creare e monetizzare contenuti attraverso newsletter e podcast. La sua facilità d'uso e le opzioni di monetizzazione diretta lo rendono attraente per molti. Tuttavia, le limitazioni in termini di personalizzazione, automazione e integrazioni potrebbero non soddisfare le esigenze di tutti. Valuta attentamente questi aspetti in relazione ai tuoi obiettivi e alle tue necessità specifiche prima di decidere se Substack è la piattaforma giusta per te.

USA LA TESTA

Nel corso di questo libro, abbiamo esplorato le varie sfaccettature degli abbonamenti per i self-publisher, fornendo linee guida, strategie e approfondimenti basati sulle conoscenze attuali, a volte anche ripetendoli fino allo sfinimento. Tuttavia, è fondamentale riconoscere che il panorama digitale (ed editoriale) è in continua evoluzione. Le piattaforme aggiornano regolarmente i loro termini di servizio, introducono nuove funzionalità o modificano quelle esistenti. Pertanto, ciò che è valido oggi potrebbe non esserlo domani.

L'importanza dell'Aggiornamento Costante

Per navigare efficacemente in questo ambiente dinamico, è essenziale mantenersi informati. Ecco alcuni suggerimenti per rimanere al passo:

• **Monitorare le Comunicazioni Ufficiali**: Iscriviti alle newsletter ufficiali delle piattaforme che utilizzi. Ad esempio, Substack invia aggiornamenti regolari sulle nuove funzionalità e sulle modifiche ai termini di servizio.

• **Partecipare a Comunità di Professionisti**: Unisciti a forum, gruppi social o comunità online di self-publisher. Questi spazi offrono l'opportunità di condividere esperienze, discutere delle novità del settore e apprendere dalle esperienze altrui.

• **Formazione Continua**: Investi tempo in corsi, webinar o workshop che trattano le ultime tendenze e strumenti nel campo del self-publishing e del marketing digitale.

Pensiero Critico e Personalizzazione

Mentre le linee guida e le best practice possono offrire una solida base, è cruciale adattarle al proprio contesto specifico. Non esiste una soluzione universale; ciò che funziona per un autore potrebbe non essere efficace per un altro. Pertanto:

• **Sperimenta**: Non aver paura di provare nuove strategie o strumenti. Monitora i risultati e adatta le tue azioni in base ai feedback ricevuti.

• **Ascolta il Tuo Pubblico**: I tuoi lettori sono la risorsa più preziosa. Raccogli le loro opinioni, analizza le loro preferenze e utilizza queste informazioni per migliorare i tuoi contenuti e le tue offerte.

• **Rimani Fedele a Te Stesso**: Mentre è utile apprendere dalle esperienze degli altri, è fondamentale mantenere la propria voce e autenticità. Il tuo pubblico apprezzerà la genuinità e l'unicità dei tuoi contenuti.

In sintesi, questo libro è stato concepito come una guida per orientarti nel mondo degli abbonamenti per i self-publisher. Tuttavia, il successo dipenderà dalla tua capacità di adattarti, aggiornarti e pensare in modo critico. Usa le informazioni qui fornite come punto di partenza, ma non smettere mai di apprendere, evolvere e innovare. Il mondo del self-publishing è ricco di opportunità per coloro che sono pronti a coglierle con mente aperta e spirito intraprendente.

IMPORTANTE

Vuoi rimanere al passo coi tempi nel mondo del self-publishing? Vai su ScrivoFacile.com e scopri un sacco di risorse gratuite, corsi, libri e servizi per te!

Ci vediamo là.

Eugene Pitch

L'AUTORE

Mi chiamo Eugene Pitch, scrivo thriller, ho una passione per il **book marketing** e sono il fondatore del Selfit – Il Summit Italiano sul Self-Publishing, ma soprattutto di *ScrivoFacile*.

Da anni inoltre collaboro con StreetLib e ho organizzato, nel 2023, un webinar sugli Amazon Ads per il **Salone Del Libro di Torino**.

Sono un autore autopubblicato per scelta fin dall'inizio. Perché? Scoprilo ascoltando RadioScrivo o esplorando le risorse che metto a disposizione su ScrivoFacile!

Quando non mi occupo della mia fiction, puoi trovarmi qui o su Youtube per aiutare gli autori come te con i miei corsi e servizi sul self-publishing e il book marketing.

DELLO STESSO AUTORE

Scopri altri libri sul self-publishing di Eugene Pitch

https://scrivofacile.com/libri/

o su Amazon

https://www.amazon.it/dp/B08MTJ2CVH